작게
시작하는
여성 창업

석경아 · 곽진영 · 고태형 지음

작게
시작하는
여성 창업

WOMEN

아이디어부터 브랜딩,
운영까지 완성하는 여성 창업 실전 노트

STARTING

내 속도로, 내 방식으로 창업하는 법

SMALL

블라썸원

시작은 달라도, 우리는 모두 창업할 수 있다

누군가는 아이디어가 없다고, 누군가는 자본이 없다고, 또 누군가는 용기가 없다고 말한다. 하지만 '창업'이란 거창한 시작이 아니라, 내가 할 수 있는 일로 세상에 첫발을 내딛는 순간부터 이미 시작되고 있다.

아이가 잠든 밤, 식탁 조명 아래에서 노트북을 펼치는 사람, 육아 중 잠깐의 숨 고르기 시간에 자신이 만들 수 있는 일을 하는 사람, 누군가는 "남편 월급만으로 안 되니까"라는 현실적인 이유로, 또 다른 누군가는 "다시 내 이름으로 불리고 싶어서"라는 마음으로 창업을 시작한다.

창업은 단순히 돈을 버는 일이 아니다. 매일 조금씩 배우며 쌓아가는 시간이다. 처음엔 그저 작게 시작한 일이지만, 그 안에는 가능성이 담겨 있다. 무언가를 직접 기획하고, 만들고, 팔아보는 경험은 오랫동안 멀게 느껴졌던 세상과 다시 이어지는 순간이다.

아이의 시간이 곧 나의 시간이던 일상에서, 조금씩 내 이름의 시간을 되찾는 일. 그건 돈보다 크고, 성공보다 오래 남는 변화다. 비록 작은 수익이라도 스스로 만들어 본 사람만이 창업의 의미를 온전히 느낄 수 있다. 내가 만든 가치를 누군가 사주는 순간, 그건 단순한 거래가 아니라 '나도 할 수 있다'는 자신감의 씨앗이 된다.

이 책을 함께 쓴 세 사람은 창업의 여정 속에서 멘토와 멘티로 만나 오랜 시간 교류해왔다. 한 사람은 27년간 창업 현장을 연구하며 이론과 실무를 잇는 교수이고, 또 한 사람은 예비창업패키지와 사회적기업 인증 등 다양한 정부지원사업을 경험하며 현실적인 시행착오 속에서도 꾸준히 길을 찾아온 실전형 대표다. 그리고 또 한 사람은 출판과 문화기획, 커뮤니티를 통해 여성들이 스스로의 일을 시작하도록 돕는 기획자다. 세 사람은 각자의 자리에서 경험을 나누고, 서로의 시각을 통해 창업의 다양한 얼굴을 마주했다. 멘토와 멘티로 시작된 대화는 어느새 이 한 권의 책으로 완성되었다.

서로의 길은 달랐지만, 한 가지 공통된 믿음이 있었다.
누구나 자신만의 방식으로, 작게라도 시작할 수 있다.

이 책은 그 믿음에서 출발했다. 한 번에 크게 성공하지 않아도 괜찮다고, 시행착오를 겪더라도 다시 일어설 수 있는 법을 알려주고자 했다. 창업은 끝없는 경쟁이 아니라, 지속할 수 있는 나만의 일을 만들어가는 과정이기 때문이다.

이 책에는 세 저자가 현장에서 검증한 '실전 창업 노트'가 수록되어 있다. 이론보다 현장, 감정보다 실행에 초점을 맞춘 가이드로, 독자 스스로 아이디어를 구체화하고 자신의 창업 방향을 설계할 수 있도록 구성했다. 또한 각 장의 마지막에는 실제 창업 과정에서 자주 마주하게 되는 질문을 모아 멘토의 경험으로 답한 '멘토의 말' 부록 실었다. 막막했던 시작의 문턱에서, 이 책이 당신에게 필요한 답을 찾아주는 멘토가 되길 바란다.

우리는 이 책을 통해 창업을 '특별한 사람의 선택'이 아닌, 삶을 더 주체적으로 살아가려는 모든 이의 가능성으로 제안하고자 한다.

두려움을 넘어 첫걸음을 내딛는 용기부터
아이디어를 구체화하는 과정,
정부지원사업의 문턱을 넘는 법,
브랜딩과 마케팅 전략을 세우는 방법,
그리고 실패를 견디는 마음까지.

창업의 여정을 함께 걸을 수 있도록 실질적인 경험과 통찰을 담았다.

이 책을 덮은 후, 당신이 무엇을 시작하든 괜찮다. 그게 아주 작은 일이라도, 누군가에게는 아무 의미 없어 보이는 시도라도 상관없다. 중요한 건 '지금의 나'로 한 발 내딛는 것이다. 창업은 거창한 선언이 아니라, 내 삶을 다시 움직이게 하는 작은 행동의 시작이기 때문이다.

시작은 달라도, 우리는 모두 창업할 수 있다. 창업의 모든 순간이 당신을 더 단단하게 성장시키길, 진심으로 응원한다.

당신의 시작을 응원하며, 저자 일동

차례

Chapter 3
아이디어를 구체화하고 사업 계획으로 옮기기

Chapter 4
창업자를 위한 지원제도와 활용법

Chapter 7
실패 없는 창업은 없다, 대신 준비는 가능하다

Chapter 1

나는 왜 창업을
하고 싶은가?

창업을 하려는 이유는 무엇인가요?

경제적 필요 때문일 수도, 아이와 시간을 지키기 위해서일 수도,

단순히 나답게 살고 싶어서일 수도 있습니다.

이 장에서는 삶 속에서 창업의 동기를 찾는 과정을 따라가며,

나에게 꼭 맞는 출발점을 생각해 봅니다.

01
다시 회사로 돌아갈 수 없을 때

'다시 일할 수 있을까?'

생각보다 많은 여성이 자의로든, 타의로든 이 질문을 떠올린다. 누군가는 육아휴직 후 복직을 앞두고, 누군가는 퇴사를 고민하며, 또 누군가는 커리어 공백이 길어질 때 이 질문을 마주한다. 그녀들이 결코 일을 그만두고 싶은 건 아니다. 다만 이전처럼 전력을 다해 일할 수 있을지, 일상과 병행할 수 있을지 현실적인 고민이 앞선다. 일하고 싶은 마음은 여전하지만 달라진 상황 속에서 예전 방식으로는 일할 수 없다는 걸 조금씩 깨닫게 된다.

나 역시 세 아이를 키우는 내내 일을 그만두고 싶었던 적은 없었다. 결혼, 출산, 육아의 사이클을 반복적으로 돌면서도 악착같이 공부했고, 자격증을 따기도 했다. 동화 작가 타샤 튜터는 집안일을 하며 셰익스피어를 읽는 삶도 괜찮다고 했지만, 나에게는 그보다 육체적 노동의 가치와 밥벌이의 주체성이 더욱 중요했다. 그래서 시간과 환경의 제약 속에서도 어떻게든 일을 준비하려 했다.

돌봄과 가사에 집중해 온 여성들이 다시 일을 시작하는 건 큰 도전이다. 아이들이 아직 어려도, 이미 다 자랐어도 상황은 크게 다르지 않다. 가족을 돌보느라 멈춘 시간만큼, 사회로 나가는 길은 더 멀게 느껴진다. 실제로 기혼 여성의 절반 이상이 경력 단절을 경험했고, 아이 양육이 끝난 뒤에도 사회 복귀에 어려움을 겪는다.

9 to 6 근무 체제를 요구하는 회사로 돌아가는 일은 시간적으로도 부담이 크지만, 채용 시장에서도 경력 단절 여성들이 설 자리는 많지 않다. 결국 안정적인 일자리로 복귀하기보다 파트타임이나 단기 일자리를 택할 수밖에 없다. 그러나 이런 일은 경력에 비해 보수가 낮거나 원하는 일이 아니어서 지속하기 어렵다. 겨우 확보한 시간을 의미 없는 노동과 맞바꾸고 나면, 마음에 남는 건 허무함뿐이다. "이제는 나도 다시 뭔가 하고 싶다"라는 마음이 생겨도 사회는 그 갈망을 좀처럼 받아주지 않는다.

결국 많은 여성들은 '내가 원하는 일, 나답게 할 수 있는 일'을 찾아야 한다는 과제 앞에 선다.

그 시기 즈음 나도 블로그에 글을 쓰고, 독서 모임을 나가기 시작했다. 거기서 나와 비슷한 고민을 하는 여성들을 여럿 만났다. 육아로 경력이 멈춘 사람, 휴직 중 자기 계발을 하는 사람, 이직을 준비하는 사람 등 멈춤의 이유는 달랐지만 '다시 일하고 싶다'라는 마음은 같았다. 그중에는 회사로 돌아간 이도 있었고, 전업주부로 돌아간 이도 있었지만, 드물게는 자신의 사업을 시작한 사람도 있었다. 그 차이가 뭘까. 두려움을 삼키고 한 발 내딛는 용기는 어디에서 비롯되는 걸까. 비슷한 상황에서 작은 도전을 시작하는 여성들을 보니 마치 내 일처럼 심장이 뛰었다. "너도 할 수 있다"라는 응원처럼 다가왔다.

파트타임은 허무하고 사회는 여전히 나의 복귀를 받아주지 않는다면, 이제는 우리도 그녀들처럼 스스로를 고용해야 하지 않을까.

10분이면 온라인으로 사업자 등록이 가능한 시대. 마음만 먹으면 누구나 창업할 수 있다. 그렇다면 용기를 내보자. 내 시간과 삶을 지키고 싶은 바람, 나의 일상과 리듬을 스스로 선택하고 싶은 열망. 그것은 누군가를 위한 일이 아니라, 나 자신을 위한 시작이다.

02
내가 원하는 건 '돈'일까, '자유'일까?

'나는 왜 창업이 하고 싶을까?'

많은 사람이 말하는 창업의 이유는 '돈'이다. 생계를 위한 절박함, 외벌이의 불안감, 혹은 줄어드는 수입에 대한 위기의식이 창업을 향한 갈증을 만든다. '지금보다 조금 더 벌 수 있다면', '아이 학원비만큼만 벌 수 있다면' 하는 현실적인 욕구에서 출발하는 경우도 많다.

전업으로 가정을 돌보는 여성들은 종종 '남편 수입에 기대는 사람'으로 비쳐 자격지심을 느끼곤 한다. 그래서 어떤 일이든, 얼마를 벌든 내 노동의 가치가 '0' 원이 아니길 바란다. 아이 돌봄 비용, 외부 활동에 드는 지출, 거기에 들이는 시간까지 합치면 차라리 일을 하지 않는 게 돈을 버는 걸 수도 있다. 그럼에도 불구하고 많은 여성들이 다시 일을 시작한다.

창업을 경험하며 분명히 알게 된 게 있다. 내가 진짜 찾고 싶었던 건 단순히 돈이 아니었다. 내 존재의 쓸모, 더 나아가 내 삶을 선택할 수 있는 권리였다는 것. 누구의 엄마가 아니라, 다시 내 이름으로 불리고 싶었다. 누군가에게 설명할 수 있는 '내 일'을 갖고 싶었다. 내 시간과 에너지를 내가 원하는 일에 쓰고 싶었고, 무엇보다 그 방식을 내가 정하고 싶었다. '돈'이라는 명분 뒤에 가려져 있던 진짜 욕망은 삶의 주도권이었다.

창업한 사람들과 대화를 나눠보면 비슷한 이야기를 한다. **창업의 본질은 자기 삶의 구조를 자기 손으로 만드는 경험이라는 것.** 누구의 승인 없이 기획서를 쓰고, 누구의 허락 없이 일정을 조율하고, 누구의 간섭 없이 수익을 내는 과정에서 자신이 삶의 주도권을 되찾는다. 내 의지로 수익을 만들어 내는 경험은 단순한 경제 활동을 넘어 삶에 대한 태도 자체를 바꿔놓는다.

물론 창업은 단기간에 돈이 되지 않는다. 오히려 처음에는 지출이 더 많을 수도 있다. 수익이 생기지 않아 불안하고, 사회적 인정을 받지 못해 외로울 수도 있다. 주변에서 "그걸로 먹고살 수 있겠어?"라는 말을 들으며 자존심에 상처를 입기도 한다. 그 시간을 버티게 하는 힘은 '돈'이 아니라 내가 선택한 일을 내가 원하는 방식으로 하고 있다는 만족감이다.

창업 첫해에 마주하는 현실은 수익이라고 부르기 민망한 액수일 때가 많다. 나 역시 사업 첫해 블로그에 '올해 창업 수익 정산'이라는 글을 쓴 적이 있다. 전부 다 떼고 남은 돈, 40만 원. "이걸 수익이라고 부를 수 있을까?" 싶은 액수였지만, 나는 그 글을 쓰며 조금도 초라하다고 느끼지 않았다. 수익 외에도 얻은 것이 많다는 사실을 깨달았기 때문이다. 아직도 사람들은 "그래서 요즘은 돈 좀 벌어?"라고 묻지만, 나는 수익뿐 아니라 영향력, 콘텐츠, 네트워크 같은 눈에 보이지 않는 자산도 함께 쌓아가고 있다.

지금 당신이 원하는 건 '돈'인가, '자유'인가?

돈과 자유 중 하나를 선택할 필요는 없다. 자유와 돈은 충돌하는 개념이 아니다. 잘 설계된 창업 구조는 시간이 흐르면서 수익을 키우고 삶의 질도 끌어올린다. 창업은 돈과 자유, 두 가지를 함께 가져올 수 있는 길이다. 그렇기에 지금부터 당신의 시간을 창업에 투자할 이유는 충분하다.

03
50만 원만 벌 수 있다면,
현실 욕구에서 시작하는 창업

'한 달에 50만 원만 벌 수 있다면.'

창업을 꿈꾸는 많은 여성이 처음부터 큰 수익을 기대하지는 않는다. 오히려 소박하고 현실적인 바람에서 출발하는 경우가 많다. 50만 원의 수익이 누군가에게는 코웃음 칠 만큼 작게 느껴질지 모르지만, 사실 따져보면 결코 적은 금액이 아니다. 매달 50만 원의 월세 수익을 얻으려면 최소 1억 5천만 원에서 2억 원 정도의 자본이 필요하다. 하지만 온라인 소규모 창업이나 자신이 가진 기술·경험을 기반으로 한 일은 큰 초기 투자 없이도 그 이상의 수익을 창출할 수 있다.

이 50만 원은 단순한 숫자가 아니다.

자기 손으로 벌어들이는 수입이라는 **자존감의 회복,**

가사와 돌봄에만 국한되지 않은 **사회적 연결의 시작,**

'내 방식'으로 해낸다는 **주도성의 증명.**

이 시작은 결코 작지 않다. 오히려 소박한 목표가 창업의 튼튼한 기반이 될 수 있다.

나 또한 첫 창업은 거실에서 시작했다. '돈도 없고, 용기도 없지만, 집에 서라면 뭐든 할 수 있지 않겠어?' 하는 마음이었다. 아이를 키우며 가장 많이 한 일은 책을 읽는 것이었다. 책장은 이미 꽉 차 있었고, 독서와 나눔은 내가 가장 즐겁게 할 수 있는 일이었다. 큰 자본이 필요하지 않으면서도, 우리 집 숲과 마당이 주는 매력을 살릴 수 있는 일. 그렇게 작고 사적인 공간에서 나의 창업은 시작됐다. 거실 책방은 단순한 책 판매처가 아니라, 누군가와 대화를 나누고, 책을 함께 읽고, 필사를 하며 시간을 공유하는 작은 커뮤니티였다. 완벽하지 않았지만 '나도 할 수 있다'는 심리적 허들을 넘은 경험이었다. 첫 수익의 경험은 이후 더 다양한 시도로 나아가는 디딤돌이 되었다.

현실 욕구에서 출발한 창업은 생계형 창업과는 조금 느낌이 다르다. 당장 수익을 무리하게 내야 하는 부담이 없어서 오히려 시행착오를 감당할 여유가 생긴다. '이 정도는 해볼 수 있지 않을까?'의 마음으로 시작할 수 있고, 일상과 병행할 수 있는 선에서 조절해 볼 수 있다. 실제로 많은 여성들이 '50만 원'이라는 구체적이고 현실적인 목표를 통해 자기 효능감을 회복하고, 작은 수익을 경험한 뒤 점차 확장해 나간다. 수익이 크지 않아도 지속 가능하고, 작게 시작했기 때문에 실패에 대한 부담이 덜 하다.

처음부터 완벽한 사업 모델이 있을 필요도 없다. 핸드메이드 제품을 만들어 소소하게 판매하거나, 동네 엄마들과 동아리를 꾸려 보거나, SNS로 자신의 관심사를 나누다 보면 예상치 못한 기회들이 찾아온다. "이게 일이 될까?" 싶던 일이 수익으로 이어지는 순간, 창업의 감각이 깨어난다.

스스로 돈을 벌 수 있다는 경험이 중요하다. 나의 시간과 재능이 누군가에게 가치를 줄 수 있다는 증거이며, 다시 사회와 연결되는 출발점이 된다.

04
두려움을 넘어서는 법:
생각보다 할 만한 이유

가보지 않은 길을 걷는 것, 해보지 않은 일을 시도하는 것은 누구나 어렵다. 창업도 그런 일 중 하나다. 노동자에서 생산자의 삶을 선택하는 일은 기존의 사고 방식, 살아온 방식을 완전히 바꿀 만큼 커다란 결단을 요구하는 일이다. 두려운 게 당연하다. 그런데 막상 시작해보면, 창업은 생각만큼 거창한 자질을 요구하지 않는다. 뛰어난 아이디어, 남다른 전문성보다 중요한 건 끈기, 실행력, 그리고 약간의 무모함이다.

나 역시 창업을 결심했을 때 가장 두려웠던 건 의외로 건강보험 피부양자 자격을 잃는 일이었다. 사업자를 내면 남편 밑에서 유지되던 피부양자 자격이 사라지고, 지역 가입자로 전환돼 매달 보험료를 내야 한다. 지금 생각하면 한 달에 10만 원 남짓한 돈이 큰 문제가 아니지만, 10년 가까이 스스로 돈을 벌어본 적이 없는 나에게는 심리적 장벽이 컸다. 안전하고 편안하게 살아온 내 자리가 사라지는 것 같은 불안감까지 덧씌워졌다.

"가만히 있으면 안 내도 되는 돈을 굳이 창업이라는 걸 해서 낭비하는 건 아닐까?"

눈에 보이는 이유는 작았지만, 사실 그 속엔 더 큰 두려움이 숨어 있었다. '사업한다고 떠벌렸다가 실패하면 우스워지는 거 아닐까?', '세금이나 각종 서류 처리하다가 실수해서 벌금이라도 맞으면 어떡하지?', '아무도 찾아주지 않으면 큰일 아니야?'같은 현실적 걱정과 자기 불신이 꼬리에 꼬리를 물었다. '망할까 봐 무섭다'는 말이 가장 솔직한 표현일 테다. 가만히 있으면 중간이라도 갈 텐데, 그마저도 못할까 봐.

그러나 사업자 등록을 하는 순간 상황은 달라진다. 단순히 종이 한 장을 발급받았을 뿐인데, 소비자에서 생산자로 위치가 바뀐다. 적어도 매달 내야 할 돈만큼은 움직여야 하고, 그 작은 압박이 변명과 핑계를 밀어내며 행동하게 만든다.

애플의 창업자 스티브 잡스도 자신의 집 차고에서 친구와 아이디어를 조립하고 테스트하며 시작했다. 대단한 이들도 처음부터 거창한 시작이 아니었다면, 나의 소박한 출발 역시 부끄러울 이유가 없다.

두려움을 넘어서는 방법은 의외로 단순하다. 망해도 괜찮을 정도로 아주 작게 시작하는 것이다. 내가 집 거실 한켠에 책장을 들여놓고 책방을 시작한 것처럼 아주 작게, 한 걸음씩만 나아가면 된다. 많은 성공한 창업가들 역시 처음부터 큰 도전을 하지 않았다. 작게 시도하며 점차 방향을 잡아갔을 뿐이다. 두려움의 대부분은 막상 시작하면 별것 아닌 경우가 많다.

우리가 가진 작은 자원과 용기만 있다면 그 작은 첫걸음이 예상보다 훨씬 더 큰 가능성을 가져다준다. 무엇보다 두려움을 극복한 경험 자체가 앞으로 더 큰 도전을 할 수 있는 자신감을 만들어 준다.

사업자 내면 바로 보험료 폭탄이 날아올까요?

• 사업자 등록 = 즉시 보험료 발생? NO!

건강보험 지역 가입 전환은 국세청의 소득 신고 자료가 반영된 후에 이루어
집니다.

• 소득이 없으면? → 최저 보험료만

초기에는 매출이 거의 없거나 비용이 더 많을 수 있습니다.
그 경우엔 최저 보험료만 발생합니다.

• 미리 알고 싶다면? 전화하세요!

건강보험공단 고객센터(☎ 1577-1000)에 전화해서
"제가 창업을 하려는데 사업자 내면 보험료가 얼마나 나올까요?"라고, 물
어보세요. 예상 보험료, 신고 기준, 전환 시기까지 상세히 안내해 줍니다.

사업자를 냈다는 이유만으로 무조건 큰돈이 나가지는 않습니다. "가만히
있으면 안 내도 되는 돈"이라는 생각보다, "움직여야 생기는 수익"에 집중하
는 것이 창업의 관점입니다.

05
시작한 사람만
아는 세계가 있다.

많은 사람이 창업을 생각하지만 실제로 시작하는 이는 많지 않다. 두려워서, 준비가 덜 돼서, 아직은 때가 아니라 생각해서 미룬다. '언젠가'라는 막연한 기대는 결국 오지 않는다. 내 삶을 움직이는 건 오직 나의 의지와 행동뿐이다.

희한하게 뭐라도 시작했던 사람은 멈추지 않는다. 첫 글을 올린 사람은 다음 글을 쓰고, 첫 모임을 연 사람은 다음 회차를 준비한다. 첫 고객을 만난 사람은 더 나은 서비스를 떠올린다. 완벽하지 않아도, 손발이 모자라도, 방향이 흔들려도 그들은 계속 움직인다. 그들의 공통점은 완벽한 계획이 아니라 일단 저질러보는 작은 용기다. 용기라고 하기에도 민망할 만큼 그 소심한 시작이 삶을 바꾸는 출발점이 된다.

창업은 책상 위에서만 배울 수 있는 일이 아니다. 아이디어가 뛰어나고 정보가 많아도, 강의를 아무리 들어도, 기획서를 아무리 잘 써도 직접 고객을 만나 돈을 받고, 피드백을 받아 다시 만들어 보는 경험을 하지 않으면 결코 알 수 없는 감각이 있다. 실전에 뛰어들어 부딪히고 좌절하면서만 얻을 수 있는 배움이 있다.

어느 젊은 대표의 강연을 들은 적이 있다. 그녀는 환한 미소를 지으며 이렇게 말했다.

"창업자의 고질병은 공황장애예요."

농담처럼 꺼낸 고백이었지만, 자다가도 벌떡 일어나 명상을 배운다는 이야기를 이어가자, 강연장은 웃음과 함께 묘한 쓸쓸함으로 가득 찼다. 그 말의 무게는 결코 가볍지 않았다. 창업은 그만큼 무섭고, 벅차고, 감당해야 할 것이 많은 길이라는 뜻이다. 누군가에게는 하루하루가 롤러코스터처럼 요동치고, 또 누군가는 불면과 외로움 속에서 고통을 견딘다.

직장인의 안정된 삶과 비교하면 창업은 감당해야 할 변수가 너무 많다. 고정 수입도 없고, 조직의 보호도 없으며, 모든 선택과 결과는 오롯이 자기 몫이다. 그런데도 사람들은 왜 창업을 선택할까. 왜 실패하고도 다시 시도하고, 괴로워하면서도 포기하지 않을까?

그 모든 고통을 감수하면서도 이 길을 택하는 이유는 창업이 삶을 통째로 뒤흔드는 경험이기 때문일 터. 자기 한계에 부딪히고, 불확실한 미래를 스스로 만들어 가며, 그 속에서 내가 살아 있다는 감각을 가장 강렬하게 느낄 수 있다. 한 치 앞이 보이지 않는 상황에서 무언가를 만들고, 움직이고, 누군가에게 가치를 전달하는 일. 그 안에서 나라는 사람의 실체가 드러난다.

유튜브 쇼츠가 디지털 마약이라고 하듯 창업도 일종의 마약과 같다. 망하고 무너져도 다시 하고 싶어지는 것. 괴롭고 막막하고, 수익보다 불안이 더 크더라도 이만큼 강한 도파민을 주는 일이 또 있을까 싶다.

아직 두렵고 준비가 덜 되었다고 느껴도 괜찮다. 단 한 걸음, 아주 작은 시도만으로도 창업은 시작될 수 있다. 완벽하지 않아도 괜찮다. 우리 모두 그렇게 시작할 수 있다.

내가 만약 내 아이에게 딱 하나의 삶의 기술을 알려줄 수 있다면, 나는 창업을 가르칠 것이다. 삶을 주도적으로 사는 가장 확실한 방법이기 때문이다. 당신도 삶을 주도적으로 만들고 싶다면, 아주 작은 한 걸음부터 내디뎌 보라. 그 시작이 반드시 당신만의 세계로 이어질 것이다.

평범한 내가 창업해도 될까요?

Q. 경력이 단절된 지 오래됐고, 커리어도 화려하지 않은데… 창업해도 괜찮을까요?

A. 네, 충분합니다.

창업은 특별한 사람만의 길이 아니에요. 오히려 평범한 일상에서, 아주 작은 시작에서 피어나는 경우가 많습니다. 돌봄 때문에 회사를 그만둔 엄마, 출산과 육아로 멈췄던 엄마, 적은 돈이라도 보태고 싶어 무언가를 시작한 엄마… 그런 현실적인 이유로 시작하는 창업이야말로 가장 단단합니다.

중요한 건 "왜 지금, 내가 이 길을 선택하는가"를 솔직하게 묻는 거예요. 그 이유가 돈이든, 시간의 자유든, 새로운 시도든 상관없습니다. 그 마음에서 진짜 창업이 시작됩니다.

Chapter 2

나에게 맞는
창업 아이템은
무엇일까?

무엇으로 창업을 시작해야 할까요?

거창한 발명품이나 거대한 자본이 아니어도 괜찮습니다.

당신의 경험, 취향, 일상 속 작은 아이디어가 창업의 씨앗이 될 수 있습니다.

이 장에서는 나에게 맞는 아이템을 발견하는 방법을 함께 탐색합니다.

01
나를 재료로 삼는 법:
경험, 기술, 서사를 창업 아이템으로 바꾸기

창업을 고민하면 누구나 가장 먼저 "무엇을 해야 할까?"를 떠올린다. 하지만 그보다 먼저 해야 할 질문은 이것이다. '나는 어떤 사람인가'

스스로에 대한 이해 없이 단지 하고 싶은 것, 좋아 보이는 것, 유행하는 것을 따라 창업 아이템을 정하면 시작도 전에 실패할 가능성이 크다. 창업은 내가 살아온 시간, 축적한 경험, 기질과 가치관 위에 쌓는 구조물이기 때문이다.

나의 서사를 아이템으로 바꾸기까지

처음에는 '육아'와 관련된 일을 해야겠다고 생각했다. 세 아이를 키우며 익숙한 분야라고 여겼기 때문이다. 자연스레 보육교사 자격증을 따고 유아교육과에 입학했지만, 실습을 해보니 곧 알았다. 아이를 돌보는 일은 내 성향과 맞지 않았다는 것을. 나의 강점은 '지적 사고'였고, 질문하고 사유하며 구조화하는 데 강한 나는 감각적으로 즉각 반응해야 하는 보육 현장과는 어울리지 않았다.

대신 아이를 키우며 떠오른 생각을 글로 쓰기 시작했고, 블로그에 기록하던 글은 공감을 얻으며 책으로 이어졌다. 책은 강의로, 강의는 커뮤니티 운영으로 확장되었다. 글쓰기, 출간, 강의, 커뮤니티까지의 흐름은 자신에 대한 이해에서 출발한 '서사 기반 창업'의 길이었다.

여기엔 어떠한 특별한 기술이나 화려한 자격증이 없다. 살아낸 경험만 있을 뿐이다. 누군가에겐 아무것도 아닌 이야기일지 몰라도 당신이 살아낸 이야기에는 누군가의 문제를 해결할 단서가 들어 있다. 그게 바로 창업의 씨앗이다.

이런 경험과 기술이 창업 자원이 됩니다.

- **생활 경험**: 아이를 키우며 만든 루틴 → 육아·가정 중심의 시간관리 콘텐츠, 라이프스타일 브랜딩, 워크북 상품화
- **직장 경험**: 조직 생활에서 배운 것 → 강의, 코칭, 퇴직자 대상 정보
- **취미와 관심사**: 꾸준히 해온 취미 → 핸드메이드 마켓, 전자책, 온라인 클래스

- **관계와 재능**: 사람들이 자주 부탁하는 일 → 서비스 기획, 컨설팅형 창업, 커뮤니티 기반 콘텐츠 서비스
- **표현 능력**: 글쓰기·말하기·기획 → 퍼스널 브랜딩, SNS 기반 콘텐츠 창업

그렇다면 나의 경험을 어떻게 정리할 수 있을까? 내가 가진 것을 아이템으로 연결하기 위해서 세 가지 층위로 나누어 생각해 보면 좋다.

1. 경험 기반

지금까지 어떤 일을 해왔는지, 직장 경험이나 보유한 자격증, 꾸준히 해온 취미, 다른 사람이 나에게 잘한다고 말해준 일 같은 것들을 적어보자. 예를 들면, "아이를 키우면서도 매일 글 쓰고 모임을 운영하는 시간을 어떻게 확보하냐"는 질문을 자주 받았다면, 바로 그 질문 속에 다른 이들이 가진 문제가 담겨 있다. 그 지점이 바로 나의 경험이 창업 아이템으로 바뀔 출발점이 된다.

2. 관심이나 열정 기반

시간 가는 줄 모르고 몰입한 경험이나 내가 유독 소비를 많이 하는 분야를 떠올려 보자. 내 유튜브의 알고리즘에 자주 보이는 주제도 좋다. 한 지인은 셀프 인테리어에 빠져 매일 영상을 찾아보다가 남편과 도배 일을 배워서 수익 창출을 하고 있다. 열정은 곧 실행으로 이어질 수 있는 강력한 에너지다.

3. 공감 기반

과거 어려움이나 실패를 극복한 경험이 있다면, 같은 문제로 고민 중인 사람들에게 조언이나 서비스를 줄 수 있다. 신혼 초 전세 사기를 당한 경험을 계기로 부동산 공부에 몰두했던 지인은, 지금 청년들을 위한 전세 사기 방지 앱을 만들고 있다.

중요한 것은 내 안에 있는 조각들을 꺼내어, 그 조각들 사이의 맥락과 의미를 연결하는 것. 그 순간 단순한 경험이 '아이템'으로 바뀌고, 창업은 거창한 아이디어가 아니라 바로 나 자신에서 시작된다는 사실을 깨닫게 된다.

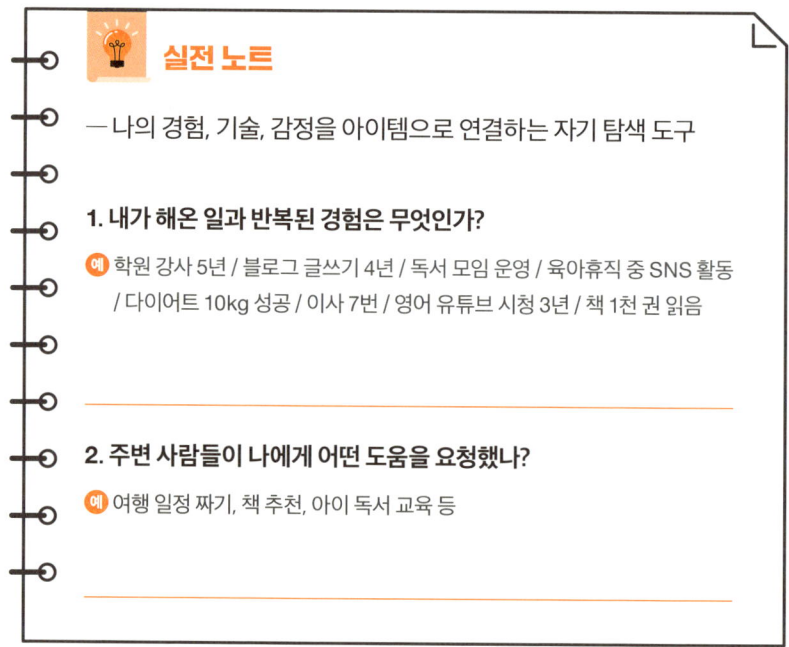

실전 노트

— 나의 경험, 기술, 감정을 아이템으로 연결하는 자기 탐색 도구

1. 내가 해온 일과 반복된 경험은 무엇인가?

예 학원 강사 5년 / 블로그 글쓰기 4년 / 독서 모임 운영 / 육아휴직 중 SNS 활동 / 다이어트 10kg 성공 / 이사 7번 / 영어 유튜브 시청 3년 / 책 1천 권 읽음

2. 주변 사람들이 나에게 어떤 도움을 요청했나?

예 여행 일정 짜기, 책 추천, 아이 독서 교육 등

3. 시간 가는 줄 모르게 몰입하는 주제는 무엇인가?

(예) 다꾸, 정리 정돈, 미드보기, 라이프플래너 쓰기, 중고책방 기웃거리기

---

4. 어떤 어려움을 겪었고, 어떻게 이겨냈나?

(예) 육아 우울, 무기력, 경력단절, 불면증 극복, 다이어트 성공, 엄마와의 갈등 해결

---

5. 위에서 쓴 키워드 중 2~3개를 연결해서 '가제 아이템'을 만들어 보자.

(예) 책을 좋아함 + 글쓰기 경험 + 독서 모임 운영 → 책을 함께 읽는 필사 클래스
정리 좋아함 + 인스타 감성 피드 → 정리 정돈 루틴 콘텐츠로 클래스 만들기

※ 마지막 체크

"지금 이걸 돈을 받고 할 수 있을까?"라고 스스로 물어보세요.

단 한 명이라도 "그거 나도 배우고 싶다"라고 말한다면, 그것은 이미 아이템의 씨앗입니다. 이 실전 노트를 3~6개월마다 다시 해보세요. 경험은 쌓이고, 자원은 계속 진화합니다.

02
좋은 아이템은
어디에서 오는가?

많은 사람들은 창업을 떠올릴 때 "특별한 아이디어가 있어야 하지 않을까?"라고 생각한다. 하지만 실전 창업자들의 이야기를 들어보면, 진짜 중요한 건 '누구의 문제에서 출발했는가'이다. 특히 자신의 삶이나 가장 가까운 사람들의 불편에서 출발한 아이템은 오래간다. 고객의 특성을 누구보다 잘 알기에 공감, 경험, 지속 가능성이라는 핵심 요소가 자연스럽게 포함되기 때문이다.

사람의 삶에는 시기마다 고유한 고민과 필요가 있다. 이를 바탕으로 한 창업을 생애주기 기반 창업이라고 부른다.

생애주기	주요 페인포인트	창업 아이템 예시
임신·출산	정보 단절, 몸 회복	산후 관리 정보 큐레이션
육아기	시간 단절, 정체성 상실	엄마 커뮤니티, 기록 모임
초등 입학	정보 불균형, 학습 고민	동네 학원 앱, 맞춤 교육 콘텐츠
중장년기	재취업, 사회관계 단절	시니어 맞춤 클래스, 지역 커뮤니티 운영
시니어기	이동 제한, 일거리 부족	시니어 전문 도우미 플랫폼, 취미 강사 파견

이 표는 여성의 생애주기를 예로 들었다. 실제로 많은 여성들이 각 시기마다 이와 같은 고민을 겪는다. 그렇다면 이런 고민이 어떻게 창업 아이템으로 이어질 수 있을까? 일상 속 불편을 해결한 실제 사례들을 살펴보자.

출산 직후의 여성에게는 몸의 회복도 쉽지 않은데, 정보 단절까지 겹친다. 그 답답함을 풀어주려는 시도에서, 산후 도우미·방문 마사지·산후 관리 정보를 하나로 연결한 토탈케어 모델이 등장했다. 단순한 편의가 아니라, 삶의 절실한 공백을 메우는 구조였다. → **산후조리 서비스**

아이를 키우며 일과 정체성을 잃었다는 상실감은 많은 엄마들이 공감한다. 글쓰기·출판·강의라는 과정은 단순한 취미를 넘어, 여성들이 삶을 복원하고 서로 연결되는 장치가 되었다. → **출판·커뮤니티 기반 창업**

어린이집에 아이를 보내는 부모들에게 매일 식판을 씻어 보내는 일은 의외로 큰 스트레스였다. 하지만 어느 날 "식판 세척 서비스를 도입하겠다"는 안내문이 붙자, 부모는 환호했다. 불편이 구조로 바뀐 순간이었다. → **식판 세척 서비스**

아파트 단지마다 공부방은 많았지만, 정보는 늘 입소문에 의존해야 했다. 학부모들은 알 수 없어 불편했고, 공부방 원장들은 홍보에 어려움을 겪었다. 이를 해결하기 위해 누군가는 지도 기반 플랫폼을 만들었다. → **공부방 지도 앱**

이런 서비스들은 모두 누군가가 겪은 '작은 불편'에서 시작되었다. 그 문제가 대단하거나 특별할 필요는 없다. 오히려 "이건 내 얘기 같아", "나도 이런 게 필요했어"라는 말이 나올 때, 아이템은 힘을 얻는다. 그 공감의 순간이 시장성과 지속 가능성을 만들어 낸다. '그렇다면 나만의 아이템은 어떻게 찾을 수 있을까?' 다음 일곱 가지 접근법이 도움이 된다.

1. **문제 해결 중심으로 보기** - 사람들의 반복되는 불편과 스트레스에 주목하라. 거기서 아이템의 씨앗이 나온다.
2. **커뮤니티·SNS에서 조사하기** - 인스타그램, 틱톡, 유튜브 댓글 속에 소비자들이 원하는 니즈가 드러난다.
3. **데이터로 확인하기** - 구글 트렌드, 네이버 데이터랩 등에서 검색량과 추이를 살펴보라. 감이 아니라 수치로 검증해야 한다.
4. **고객 목소리 듣기** - 리뷰와 불만 글 속에는 기존 제품이 채우지 못

한 빈자리가 있다. 그 틈새가 기회다.

5. **나의 경험 활용하기** - 내가 직접 겪은 불편은 다른 사람에게도 의미가 있을 가능성이 크다.

6. **작게 실험하기** - 완벽을 기다리지 말고 MVP(최소 기능 제품)로 시장 반응을 먼저 살펴라.

7. **유행보다 지속성을 따지기** - 반짝인기가 아니라 꾸준히 성장할 수 있는 구조인지 확인해야 한다.

아이템은 특별한 사람이 찾아내는 것이 아니다. 누구나 자기 일상에서 발견할 수 있다. 중요한 건 작은 불편을 문제로 바라보고, 그것을 구조화해 작게라도 실험해 보는 용기다. 그 과정에서 진짜 '내 아이템'이 태어난다.

좋은 아이템은 거창한 아이디어에서 나오는 게 아니다. 일상과 현실을 깊이 바라보는 눈에서 출발한다. 문제를 발견하고, 작게 실험하며, 지속성을 점검할 때 비로소 실패하지 않는 아이템을 만들 수 있다.

03
무자본·소자본
창업 모델 탐색

창업을 처음 떠올릴 때 가장 먼저 드는 걱정은 '돈'이다.

"이거 시작하려면 얼마가 들지?"

"내가 가진 자본으론 무리 아닐까?"

"인건비, 사무실, 제품 만들 비용도 없는데..."

지금의 창업 환경은 과거와 완전히 다르다. 가게 임대 → 인테리어 → 직원 고용처럼 수천만 원의 초기 자금이 드는 형태에 국한되지 않는다. 무자본 혹은 소자본으로 시작할 수 있는 창업 방식이 점점 다양해지고 있다. 그 중심에 있는 것이 바로 지식 기반 창업이다.

'지식 기반 창업'이란 내가 알고 있는 것, 경험한 것, 배운 것을 콘텐츠와 서비스로 구조화하여 수익화하는 창업 방식을 말한다. 내가 겪은 시행착오, 내가 공부한 분야, 내가 정리해 둔 노하우, 사람들이 자주 물어보는 질문들은 나만의 전문성 자원이자 씨앗이 된다. 지식 기반 창업은 사무실도, 인건비도, 제품 원가도 필요 없는 구조로 시작할 수 있다. 전자책, 온라인 강의, 뉴스레터, 정기 구독 모임, 클래스 기획, 노션 템플릿, SNS 콘텐츠 등은 모두 자본보다 콘텐츠가 중요한 창업 모델이다.

"나는 그런 지식이 없는데?" 하는 사람이 있을 수도 있다. 이런 사례는 어떨까. 아들 책을 사주려고 중고 카페를 찾아보던 엄마는 생각보다 깨끗하고 저렴한 책이 많다는 걸 알게 되었다. 그래서 맘카페와 중고 거래 플랫폼에 올라온 책을 수거해 정리하고, 이를 재판매하는 사업을 시작했다. 대량의 물건을 보관할 창고도, 오프라인 매장도 필요하지 않았다. 소규모의 공간, 그리고 책을 보는 눈과 정리하는 시스템만 있으면 충분했다.

무자본 또는 소자본 창업은 자금이 없어도 시도할 수 있다. 자본보다 실행이 먼저다.

무자본 창업이 가능한 이유

- 오프라인보다 온라인 중심 구조로 변화
- 디지털 콘텐츠의 생산/판매 비용이 거의 0에 수렴
- SNS, 플랫폼, AI 등의 툴로 브랜딩·운영·고객 응대까지 자동화 가능
- 나의 시간과 경험을 서비스로 전환하는 창업 구조가 대세

여기에 한 가지 더 짚고 넘어가야 할 부분이 있다. 바로 정부나 지자체의 창업지원사업을 활용하는 방식이다. 많은 사람이 놓치는 또 하나의 무자본 창업 루트는 정부·지자체·공공기관의 창업지원사업을 적극 활용하는 것이다. 내 경험과 아이디어를 바탕으로 지원사업에 선정되면, 초기 자금은 물론이고 멘토링, 교육, 네트워크, 공간까지 함께 지원받을 수 있다. 자본이 없어도 아이디어와 의지만 있다면 이 길이 훨씬 빠르고 탄탄할 수 있다. 지원사업을 활용하는 구체적 방법은 별도 파트에서 정리한다.

창업은 '자본이 없어서 못 한다'가 아니라, '내게 맞는 방식으로 구조화하지 않아서 못 한다'는 말이 더 정확하다. 지금 내가 가진 것이 지식과 경험뿐이라면, 오히려 그게 가장 강력한 창업 자산일 수 있다. 사무실도, 자재도 필요 없다. 지금의 '나'를 구조화하는 일. 바로 거기서 창업은 시작된다.

그렇다면 이렇게 구조화한 아이템은 어떤 방식으로 실행해야 할까? 온라인일까, 오프라인일까, 아니면 그 둘을 섞은 융합형일까? 다음에서 살펴보자.

무자본·소자본 창업 모델 예시

창업 유형	예시	특징 및 장점
콘텐츠 기반 창업	블로그 글 → 전자책 제작 온라인 독서모임 운영 SNS 기록 브랜딩 & 코칭	콘텐츠만 있으면 가능 재료비 無, 집에서 시작 가능
교육/서비스형	육아루틴 클래스 개설 정리수납 방문 서비스 1:1 퍼스널 브랜딩 코칭	지식/경험을 콘텐츠로 수익화 전문성을 교육/서비스로 전달 재료비 無, 집에서 시작 가능
커뮤니티형/모임형	유료 회원 독서모임 정기 큐레이션 뉴스레터	운영력이 핵심 오프라인+온라인 혼합 가능
디지털 상품형	노션 템플릿 제작/판매 디지털 플래너·캘린더 판매 AI 프롬프트북 출간	자동 판매 가능 소비자 맞춤화 용이 복제 가능성 있음
위탁판매형	스마트스토어 위탁판매 쿠팡 파트너스	재고 없음, 도매처와 연동, 마케팅 역량이 중요
핸드메이드 제품형	마크라메, 캔들, 비누, 손글씨 작품 판매	자재비 소액 필요, 감성+SNS 브랜딩 중요
중고·재판매형	중고책 큐레이션 판매 유아용품 매입·재판매	초기 자본 거의 없음, 동네 커뮤니티 활용

온라인 vs 오프라인
vs 융합형 창업

창업을 고민할 때 우리는 자꾸 '무엇을 할까'에만 집중한다. 하지만 창업 아이템은 '무엇을 할까'뿐 아니라 '어떻게 할까'까지 함께 고민해야 한다. 같은 아이템이라도 온라인으로 할지, 오프라인으로 할지, 혹은 두 가지를 섞은 융합형으로 할지에 따라 준비해야 할 자원과 성장 속도, 수익 구조가 완전히 달라진다.

예를 들어, '엄마들의 경험을 기반으로 한 콘텐츠 창업'이라도 실행 방식에 따라 이렇게 달라진다.

- SNS를 활용해 육아 경험을 나누고, 전자책을 출간한다. (온라인형)
- 동네 엄마들과 소모임을 조직하고, 정기 워크숍을 연다. (오프라인형)

- 온라인 글쓰기로 시작해, 오프라인 클래스/행사로 확장한다. (융합형)

똑같은 경험에서 출발했지만, 실행 방식의 차이가 결국 일의 구조와 성장 속도를 갈라놓는다.

온라인형 창업: 빠른 시작, 낮은 초기비용

온라인 창업의 장점은 초기비용이 적고 빠르게 시작할 수 있다는 점이다. 전자책·온라인 클래스·스마트스토어(무재고/위탁)·디지털 템플릿·앱/웹서비스까지 형태도 다양하다. 노트북 한 대, 계정 몇 개로도 '첫 판매'를 만들 수 있다.

다만 경쟁이 치열하기에 콘텐츠 품질과 지속성이 관건이다. 작게 시작하고, 반응을 확인하며, 즉시 개선한다. 이 단순한 반복이 결국 창업의 성패를 가른다.

오프라인형 창업: 신뢰와 현장감

반대로 오프라인 창업은 사람·공간이 주는 힘이 중심이다. 공부방, 공방 클래스, 대면 서비스, 동네 책방/카페처럼 만나는 순간 신뢰가 쌓이고, 지역 커뮤니티로 단골이 이어진다. 초기 투자와 운영 시간의 제약은 있지만, 관계·체험을 핵심 가치로 삼는 사람에게는 가장 자연스러운 방식이다.

융합형 창업: 지속 가능성과 확장성

요즘은 온라인과 오프라인을 함께 묶는 융합형 구조가 늘고 있다. 작은 모임/클래스를 열어 현장에서 경험을 만들고, 그 기록을 전자책·강의·뉴스레터로 재가공한다. 혹은 온라인으로 모은 고객을 오프라인 행사로 만나기도 한다. 한 번 만든 자산을 여러 채널에서 반복 사용할 수 있다는 점이 가장 큰 강점이다. 다만 채널이 늘수록 운영 복잡도도 커지므로, 템플릿·자동화로 간소화하는 감각이 필요하다.

내가 가진 아이템을 어떻게 실행할지 막막하다면, 아래 질문에 차근차근 답해보자.

- 나는 사람을 직접 만나는 일이 편한가, 화면 너머 소통이 편한가?
- 내 아이템은 체험/공간/관계가 핵심인가, 정보/콘텐츠/도구가 핵심인가?
- 지금 당장 꺼내 쓸 수 있는 자원은 공간·도구·네트워크 중, 무엇인가?
- 2주 안에 시험해 본다면, 어떤 방식이 가장 작게 가능할까?

나 역시 처음 시도했던 '서점'은 사실상 온라인 사업에 가까웠다. 책이라는 물성만으로 오프라인 매장을 유지하기는 어려웠기에, 집을 활용해 온라인 독서 모임을 운영했다. 좋아하는 마음만으로는 오프라인 확장이 버거웠지만, 온라인 기반에서는 가능했다. 이후 커뮤니티 운영 → 오프라인 행사로 자연스럽게 이어졌고, 그 모델로 기업 제안도 받았다. 핵심은 아이템 자체가 아니라, 그것을 지속시키는 실행 구조였다.

창업에서 아이템만큼이나 중요한 것이 실행 구조다. 한 가지 방식을 고집할 필요는 없다. 작은 실험 → 피드백 → 구조 보정의 사이클로 나에게 맞는 그릇을 찾아가면 된다. 온라인, 오프라인, 융합형 중 무엇이든 지금 가진 자원으로 가능한 가장 작은 단위부터 시작하자. 성공은 완벽한 계획이 아니라, 끊임없는 실행과 실험에서 만들어진다.

05
가치를 팔 것인가,
기술을 팔 것인가

창업을 시작하고 가장 크게 좌절했던 순간이 있다. 멘토에게서 이런 말을 들었을 때다. "네 아이템이 너무 좋은 일인 건 알겠어. 그런데 창업은 돈이 되는 걸로 해야지. 좋은 일은 돈을 번 다음에 기부든, 봉사든 하면 돼." 당시엔 참 야속했지만, 시간이 지나고 보니 그 말속의 냉정한 현실을 이해할 수 있었다. 창업은 결국 생존의 문제이기 때문이다.

창업 생태계의 중심은 '기술'이다. 앱 개발, 인공지능, 바이오, 헬스케어 같은 분야는 투자자에게 매력적이고 정부지원사업에서도 늘 우선순위다. 기술 기반 창업은 확장성과 시장성, 투자 가능성까지 갖춘 든든한 구조다. 하지만 모든 사람이 기술을 가지고 있지 않다. 특히 경력 단절을 경험한 여성이나 1인 창업자들에게는 너무 멀게만 느껴지는 길이다.

그렇다고 포기해야 할까? 전혀 아니다. 시장을 움직이는 건 기술만이 아니다. 가치, 메시지, 고객과의 관계, 해결하고자 하는 문제의 본질 역시 강력한 동력이 된다.

창업 유형	설명	장점	주의점
기술 기반 창업	앱 개발, 헬스케어, 인공지능, SaaS 등 기술적 솔루션 중심	확장성, 지식재산권, 투자 매력	개발비용과 유지비가 높음
가치 기반 창업	삶의 철학, 메시지, 브랜드 정체성을 콘텐츠나 커뮤니티로 구조화	팬심과 신뢰, 브랜딩 자산 누적	수익화까지 시간이 걸릴 수 있음
문제 해결형 창업	특정 타겟의 불편함에서 출발해 현실적인 솔루션을 제시	수요 기반, 작게 시작 가능	문제를 정확히 파악하지 않으면 금방 한계에 부딪힘

내가 가진 건 기술이 아니라 콘텐츠와 경험뿐이어서, 지원사업에 도전하거나 사람들에게 설명할 때면 늘 초라하게 느껴졌다. 그러나 작게 시작한 일이 조금씩 성과로 이어지는 걸 경험하며 자신감을 얻었다. 무엇보다 기술은 꼭 내 손으로 만들어야 하는 것이 아니었다.

- 기술을 가진 사람과 함께하기
- 초기 버전을 외주로 맡기기
- 기술 없이도 콘텐츠를 구조화해 반복 수익 만들기

전자책, 자동화 뉴스레터, 온라인 클래스, 커뮤니티 앱처럼 말이다.

창업은 기술이냐 가치냐의 싸움이 아니다. 내가 가진 자원을 어떻게 구조화할 것인가의 문제다. 기술이 있다면 적극적으로 활용하면 되고, 없다면 가치와 문제 해결력으로도 충분히 시작할 수 있다.

창업은 결국 시스템의 싸움이다. 좋은 시스템은 기술을 품을 수도 있고, 가치를 담을 수도 있다. 지금 당장 기술이 없어도 괜찮다. 내가 가진 콘텐츠와 경험을 체계적으로 연결할 수 있다면, 그것도 충분히 의미 있는 창업의 시작이다. 무엇보다 중요한 건 지속할 힘이다. 아무리 좋은 아이템도, 화려한 수익 모델도 실행하는 사람이 중간에 멈춘다면 의미가 없다. 창업은 오래 공들여야 하는 일이기에, 끝까지 나를 붙잡아 줄 가치가 필요하다. 시간이 걸리더라도 내가 진심으로 의미 있다고 느끼는 일, 나와 맞닿은 문제, 삶의 방향성과 연결된 일로 창업하길 권한다.

그렇게 시작하면, 어느 순간 더 효과적인 방법을 발견해 피벗pivot할 수 있다. 고객의 니즈를 반영해 구조를 개선하거나, 기술을 붙이거나, 협업의 형태로 진화하는 경우도 많다. 그러니 처음부터 완벽할 필요는 없다.

중요한 건 방향을 잡고, 멈추지 않는 것. 기술이든 가치든, 돈이든 의미든, 지금 당신이 가진 자원을 구조화하며 한 걸음 내딛는 그 순간부터 창업은 시작된다.

저는 뚜렷한 아이템이 없어요.
그럼 창업하면 안 되는 걸까요?

Q. 아이템이 딱히 없어요. 창업하려면 뭔가 번뜩이는 아이디어
   가 있어야 하는 거 아닌가요?

A. 아닙니다.

대부분의 창업은 번쩍이는 아이디어에서 시작하지 않아요. 오
히려 일상에서 반복되는 불편, 내 경험에서만 알 수 있는 필요, 주
변 사람들이 공감하는 문제에서 싹이 트는 경우가 많습니다.

아이템은 '찾는 것'이 아니라 '길어 올리는 것'이에요. 내가 좋
아하는 것, 오래 붙잡고 있는 생각, 혹은 작게라도 실험해 볼 수 있
는 관심사 속에 이미 씨앗이 들어 있습니다.

중요한 건 머릿속에서만 맴도는 게 아니라, 작게라도 행동을 시
작하는 거예요. 글을 쓰고, 사람들과 이야기하고, 작은 판매를 시
도하다 보면 아이템은 점점 형태를 갖추고 나만의 언어로 다듬어집
니다.

Chapter 3

아이디어를

구체화하고

사업 계획으로

옮기기

내가 만든 서비스와 상품은 누구를 위한 것일까요?

"모두가 고객"이라고 말하면 결국 아무도 고객이 되지 않습니다.

이 장에서는 필요한 한 사람을 구체적으로 그려내는 법을 배웁니다.

당신이 돕고 싶은 단 한 명의 얼굴을 떠올려 보세요.

01
고객은 누구인가,
페르소나 만들기

창업의 시작은 '내 고객이 누구인가'를 명확하게 정의하는 일이다. 많은 예비 창업자는 누구나 사용할 수 있는 서비스를 꿈꾸지만, 모두의 고객은 결국 아무도 아닌 고객이 된다. 시장을 넓히기보다, 내 서비스를 진심으로 필요로 하는 '단 한 사람'을 구체적으로 그려야 한다.

이 단 한 사람을 '페르소나Persona'라고 부른다. 페르소나는 서비스나 제품을 설계할 때 핵심 고객을 대표하는 가상의 인물이다. 실제 존재하지 않아도 마치 눈앞에 있는 사람처럼 생생해야 한다. 그 사람의 나이, 직업, 가족 구성, 생활 패턴, 소비 습관, 고민, 목표까지 구체적으로 설정할수록 서비스의 방향이 선명해진다.

페르소나를 설정하기에 앞서 내 서비스가 해결하려는 문제를 명확히 정의하는 것부터 먼저이다. 그리고 그 문제를 실제로 겪고 있는 사람 한 명을 떠올린다. 그 사람이 어떤 하루를 보내는지, 어떤 순간에 불편함을 느끼는지 구체적으로 써본다. 마지막으로 그가 내 서비스를 통해 어떤 변화를 경험하길 바라는지를 적는다. 이 과정을 거치면, 추상적인 시장이 한 사람의 일상으로 좁혀지고 그 속에서 서비스의 본질이 드러난다.

아래 질문에 차근차근 답해보며, 페르소나를 설정해 보자.

- 내 서비스는 무엇인가?
- 내 서비스를 사용할 사람은 몇 살인가?
- 어디에 살고, 어떤 일을 하는가?
- 하루 일과는 어떠한가?
- 지금 어떤 불편을 겪고 있으며, 내 서비스를 통해 무엇을 해결하길 원하는가?

이 질문들에 답을 써 내려가다 보면, 추상적인 '고객층'이 아니라 살아 있는 한 사람의 얼굴이 보이기 시작한다. 그 한 사람이 결국 수많은 비슷한 사람들을 대표한다. "내 고객은 너무 다양하다"라는 말은 실제로는 내 서비스의 핵심 고객을 파악하지 못했다는 신호이다.

페르소나 설정이 중요한 이유는 명확하다. 먼저 서비스의 방향이 뚜렷해진다. 고객이 실제로 겪고 있는 문제를 중심으로 기능과 메시지를 설계할 수 있기 때문이다. 막연한 시장의 욕구가 아니라 한 사람의 구체적인 불편을 기준으로 삼으면, 서비스의 초점이 흔들리지 않는다. 또한 페르소나는 불필요한 기능을 줄이는 역할도 한다. 모든 사람을 만족시키려는 욕심을 내려놓고, 핵심 고객에게 반드시 필요한 가치에 집중할 수 있게 된다. 덕분에 자원은 효율적으로 쓰고, 전하고자 하는 메시지는 단순하고 명확해진다. 브랜딩과 마케팅에서도 효과는 크다. "누구에게 홍보할 것인가?" 답할 수 있게 되기 때문이다. 고객의 얼굴이 선명해질수록, 글의 톤도, 이미지의 색감도, 사용하는 단어 하나하나도 그 사람의 언어로 맞춰지게 된다.

결국 페르소나는 거창한 보고서가 아니다. 핵심 고객을 대표하는 가상의 인물이지만 살아있는 사람처럼 구체적으로 그려야 한다. 완벽하지 않아도 된다. 불완전하더라도 한 사람의 하루를 써 내려가며 시작해 보자. 사업계획의 첫 페이지가 시장 분석이 아니라 고객의 이야기로 시작될 때, 그 사업은 이미 방향을 찾기 시작한 것이다.

02
그 고객은 어떤 문제를
겪고 있는가?

고객의 얼굴을 그렸다면 이제 한 걸음 더 들어가야 한다. 많은 창업자들은 "누가 고객인가"까지 정의하고 멈춘다. 하지만 진짜 중요한 질문은 그 다음이다. "그 고객은 지금 어떤 문제를 겪고 있는가?" 이 질문에 답하지 못하면, 서비스는 보기에는 그럴듯하지만 실제로는 아무 문제도 해결하지 못하는 아이디어로만 남는다.

페르소나 설정이 고객의 '모습'을 그리는 일이라면, 문제 정의는 그 사람의 '상황'을 들여다보는 일이다. 그가 언제, 무엇 때문에 불편을 느끼는지, 어떤 시도 끝에 여전히 막혀 있는지를 구체적으로 파악해야 한다. 이 단계가 명확해져야 서비스의 본질이 드러나고, 나아가 수익 모델의 방향까지 설계된다.

고객의 문제를 찾을 때 가장 중요한 원칙은 직접 고객을 만나는 것이다. 고객의 어려움은 추측이 아니라 현장에서 드러난다. 직접 만나서 대화하고, 그들의 말과 표정을 관찰하며, 반복되는 단어와 감정을 읽어야 한다. 표면적인 불편 뒤에는 언제나 더 깊은 욕구가 숨어 있기 때문이다. 예를 들어 "정보가 부족하다"는 말 속에는 '믿을 만한 근거가 없다'는 불안이 자리한다. "가격이 비싸다"는 불만 뒤에는 '비용 대비 신뢰가 없다'는 판단이 숨어 있다. 이런 내면의 감정을 이해하지 못하면, 문제는 단순한 불편의 나열로 남는다.

나는 실제로 아이템을 구체화하는 과정에서 고객의 문제를 파악하기 위해 여러 방식으로 검증했다. 고객을 만나 인터뷰하고, 서비스 현장을 직접 방문해 대화의 흐름과 반응을 기록했다. 그들의 말에서 겉으로 드러나는 불편함보다, 그것이 반복되는 이유를 찾았다. 이 과정을 통해 추상적 가설이 현실의 언어로 바뀌었고, 문제의 본질이 비로소 명확해졌다.

고객 문제를 실제로 확인하고 조사하는 방법

고객 문제는 상상만으로 정의하지 않는다. 반드시 고객의 말과 행동, 표정과 한숨을 들으며 적어야 한다. 직접 경험하며 효과적이었던 방법은 다음과 같다.

직접 인터뷰

가장 단순하지만 강력한 방법이다. 지인, 잠재 고객, 업계 종사자를 만나 "요즘 제일 답답한 점이 뭐예요?", "그걸 어떻게 해결해 보셨어요?", "그 방법에서 마음에 안 드는 점은 뭐였어요?"라고 묻는다. 많이 묻는 것보다 깊이 듣는 것이 핵심이다. 대답의 맥락과 감정에 집중하자.

현장 방문, 체험

고객이 문제를 겪는 현장을 직접 경험해보는 것도 효과적이다. 실제 사용자를 만나거나 경쟁사의 서비스를 직접 체험해보면, 고객이 어디에서 불편을 느끼는지 선명히 보인다. 현장은 책상 앞에서는 절대 보이지 않던 '진짜 불편'을 보여준다.

온라인 커뮤니티 분석

맘카페, 지역 밴드, 블로그 댓글을 모아 "왜 좋았다/싫었다"의 이유를 분류한다. 단순히 긍정과 부정의 단어보다, 그 말에 담긴 감정의 원인을 읽어야 한다. 데이터를 통해 반복되는 불만과 기대를 추출하면 고객의 심리 구조가 드러난다.

직접 설문조사

구글폼이나 SNS 링크를 통해 간단한 설문을 배포한다. "서비스를 선택할 때 가장 고민되는 점은?", "현재 가장 불편한 점은?"처럼 핵심 질문 몇 개로 고객의 문제를 수치로 확인할 수 있다.

이런 방식으로 실제 고객의 목소리를 듣고, 현장을 경험하고, 데이터를 모으는 과정을 거치면서 비로소 '고객의 문제'를 내 머릿속 상상이 아닌, 현실의 언어로 이해하게 되었다. 표면적인 불편 뒤에 숨은 진짜 니즈를 발견했을 때, 내가 만들고 싶은 서비스가 아니라 정말 필요한 서비스가 무엇인지 선명하게 보이기 시작했다. 결국 좋은 창업 아이템은 고객 곁에서, 고객의 말을 듣는 데서부터 출발한다. 내가 찾은 문제는 곧 누군가의 절실함이었고, 그 절실함에 제대로 답할 수 있다면 그 사업은 분명 가치 있는 시작이 될 것이다.

03
내가 제공할 수 있는
해결책은?

고객의 문제를 정의했다면, 이제는 그 문제를 풀 수 있는 나만의 해결책을 고민해야 한다. 이 단계에서 많은 창업자가 흔히 하는 실수가 있다. 문제를 정의하자마자 경쟁자 분석이나 시장 규모 계산부터 시작하는 것이다. 그보다 먼저 해야 할 질문은 다음과 같다.

- 나는 이 문제를 어떻게 풀고 싶은가?
- 내가 제공하는 해결책이 고객의 삶을 어떻게 바꾸길 바라는가?

해결책은 단순한 기능의 나열이 아니다. 그것은 **고객의 문제에서 출발한 나만의 답**이어야 한다. 이 답은 나의 경험, 가치관, 내가 가진 자원에서 비롯된다. 따라서 이 단계는 '무엇을 만들 것인가'뿐 아니라 '왜 내가 이 문제를 풀어야 하는가', '고객에게 어떤 가치를 전달할 것인가'를 함께 다지는 과정이다.

해결책을 구상할 때 중요한 것은 경쟁자보다 고객이 겪는 문제 본질에 집중하는 것이다. 시장의 구조나 기술의 수준보다 더 중요한 것은 내 솔루션이 고객의 일상 속 어떤 순간에 닿아 있는가이다. 예를 들어, 어떤 서비스가 고객의 불편을 덜어주고, 어떤 감정을 회복시켜 주며, 어떤 결정을 하게 하는지를 명확하게 정의해야 한다.

나만의 해결책을 구체화하기 위해 아래 질문에 답해보자.

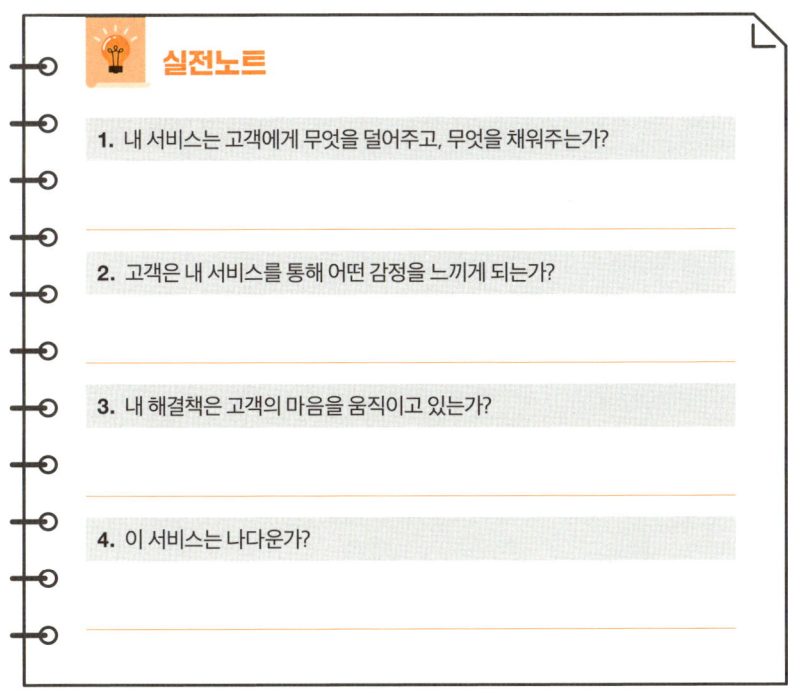

실전노트

1. 내 서비스는 고객에게 무엇을 덜어주고, 무엇을 채워주는가?

2. 고객은 내 서비스를 통해 어떤 감정을 느끼게 되는가?

3. 내 해결책은 고객의 마음을 움직이고 있는가?

4. 이 서비스는 나다운가?

이 질문들은 단순한 검토 항목이 아니라, 해결책의 본질을 점검하는 나침반이다. 기능보다 먼저 확인해야 할 것은 내가 제공하는 솔루션이 고객의 감정을 어떻게 바꾸냐는 것이다. 고객은 기능을 사지 않는다. 기능이 만들어 주는 경험과 감정을 산다.

해결책을 설계할 때 가장 중요한 기준은 '고객의 마음'과 '창업자의 철학'이다. 이 두 축이 일치할 때 서비스는 단단해진다. 고객의 감정은 '내 서비스가 작동하는 방식'을 결정하고, 창업자의 철학은 '그 서비스가 나다운 이유'를 설명한다. 따라서 해결책은 시장에서의 차별점 이전에, 나의 가치관과 고객의 필요가 만나는 지점이어야 한다.

창업은 세상의 문제를 푸는 동시에, 나의 철학을 세상에 드러내는 것이다. 그래서 "이 기능이 필요한가?"보다 "이 기능이 고객의 어떤 감정을 바꿀수 있는가?"를 먼저 물어야 한다. 고객의 문제를 해결하는 기술은 많다. 그러나 고객의 마음을 움직이는 솔루션은 드물다. 그 차이를 만드는 것이 바로, 창업자의 철학이 담긴 해결책이다.

04
경쟁자 분석과
차별화 전략

창업을 준비할 때 경쟁자 분석은 많은 사람들이 "꼭 해야 하는 과제"처럼 생각한다. 하지만 경쟁자 분석의 진짜 목적은 단순히 누가 경쟁자인지를 파악하는 데 있지 않다. 경쟁자 분석의 핵심은 **고객이 지금 어떤 선택지들 속에서 고민하고 있는지를 이해하는 것**이다. 그 속에서 내 서비스가 왜 새로운 선택지로서 설득력을 가질 수 있는지 확인하는 과정이 바로 경쟁자 분석의 본질이다.

경쟁자는 반드시 같은 업종에만 존재하지 않는다. 고객이 문제를 해결하기 위해 현재 사용하고 있는 모든 방법, 혹은 머릿속으로 상상하고 있는 대안까지도 경쟁자가 된다. 따라서 경쟁자를 폭넓게 정의할수록 고객의 현실적인 선택 구조를 명확히 볼 수 있다.

경쟁자의 세 가지 범주

범주	설명
직접 경쟁자	나와 유사한 형태로 같은 문제를 해결하려는 제품이나 서비스 **예** 동일한 기능을 제공하거나 같은 타깃층을 위한 플랫폼, 앱, 브랜드
간접 경쟁자	고객이 이미 사용하고 있는 다른 방식 **예** 커뮤니티 후기나 지인 추천, 오프라인 방문 상담처럼 서비스 외의 방식으로 문제를 해결하려는 시도
잠재 대안 (미충족 욕구)	고객이 "이런 방법이 있었으면 좋겠다"고 상상하거나 기대하는 부분 직접 존재하지 않더라도, 고객의 바람 속에 있는 대안은 향후 시장의 가능성을 보여줌

이 세 가지 범주로 경쟁자를 구분하면, 고객이 어떤 선택지 속에서 불편함을 느끼고, 그 불편이 어떤 이유로 여전히 해소되지 않는지를 한눈에 파악할 수 있다.

경쟁자 분석은 단순한 비교표 작성이 아니다. 고객이 왜 그 방법을 쓰고 있는가, 그럼에도 왜 여전히 불만족스러운가를 이해하는 과정이다. 즉, 경쟁자 분석은 단순한 비교가 아니라 고객이 왜 그 방식을 선택했고, 무엇이 여전히 불편한가를 이해하는 일이다.

경쟁자를 분석한 뒤, 고객이 현재 어떤 방법으로 문제를 해결하고 있는지를 세밀하게 관찰해야 한다. 예를 들어, 한 창업자가 '프리랜서 여성들을 위한 업무 관리 서비스'를 만든다고 하자. 이 고객들은 이미 여러 선택지가 있다. 누군가는 여전히 다이어리에 직접 기록하는 방식을 사용하고 있고, 또 다른 누군가는 노션 또는 캘린더 앱을 조합해 스스로 일정을 관리한다. 이들이 불편을 느끼면서도 여전히 이런 방식을 사용하는 이유를 분석해야 한다. 그 이유가 바로 내 서비스가 들어갈 틈이다.

나만의 차별화 전략을 구체화하기 위해 아래 질문에 답해보자.

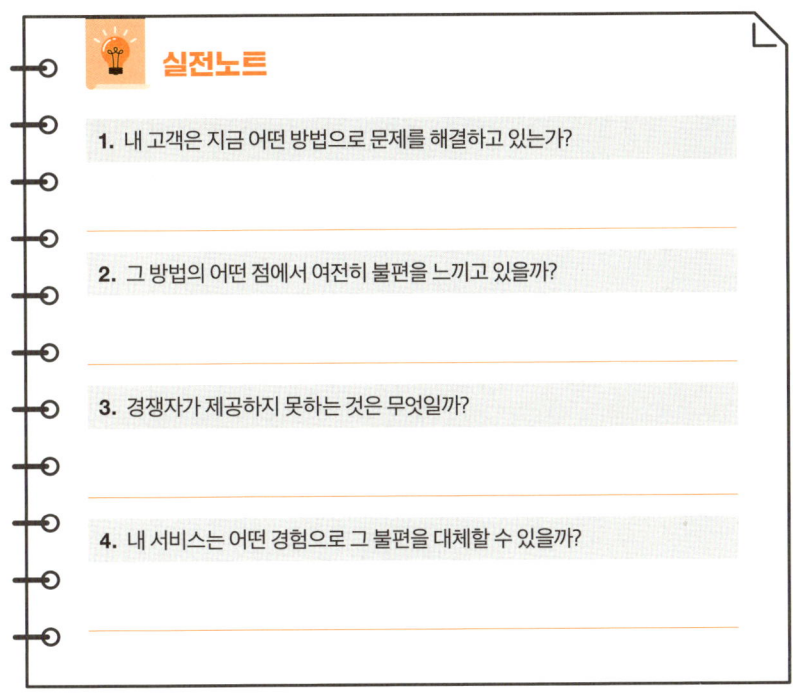

실전노트

1. 내 고객은 지금 어떤 방법으로 문제를 해결하고 있는가?

2. 그 방법의 어떤 점에서 여전히 불편을 느끼고 있을까?

3. 경쟁자가 제공하지 못하는 것은 무엇일까?

4. 내 서비스는 어떤 경험으로 그 불편을 대체할 수 있을까?

고객은 새로운 서비스가 좋아서 선택하는 것이 아니라, 기존의 방식이 불편하거나 불완전하기 때문에 다른 선택지를 찾는다. 따라서 경쟁자 분석의 목적은 무엇이 잘못되었는가를 비판하기보다 고객이 무엇을 여전히 해결하지 못하고 있는가를 이해하는 일이다. 이렇게 고객의 행동과 감정을 함께 분석하면, 자연스럽게 나만의 차별화 전략을 세울 수 있다. 예를 들어, 기존 서비스가 단순히 '정보'를 주는 것으로 구성되어 있다면 나는 그 정보를 '실행'으로 연결하는 방식을 고민해야 한다. 경쟁자가 '속도'를 강조한다면, 나는 '신뢰'를 제공하는 방법을 찾아야 한다. 차별화는 새로운 기능을 추가하는 것이 아니라, 고객이 진짜로 원하는 경험에 더 가깝게 나가는 과정이다.

결국 경쟁자 분석은 '차별화된 제품'이 아니라 '차별화된 관점'을 만드는 일이다. 같은 시장에 있어도, 고객을 바라보는 관점이 다르면 완전히 다른 서비스가 된다. 그 관점이 뚜렷해질 때, 당신의 서비스는 단순한 대안이 아니라 고객이 새롭게 선택하고 싶은 이유가 된다.

05
시장 조사,
어떻게 해야 할까?

창업을 준비할 때 많은 사람이 시장 조사를 가장 어렵게 느낀다. "자료가 충분할까?", "통계가 부족하면 설득력이 약하지 않을까?"하는 불안 때문에 조사에만 매달리다 보면 정작 중요한 사업의 방향을 놓치는 경우가 많다. 시장 조사는 사업을 멈추게 하는 근거를 찾는 과정이 아니라, 시작할 이유를 확인하는 과정이다. 조사는 완벽할 필요가 없다. 내 서비스가 시장에서 어떤 의미가 있는지를 설명할 수 있을 정도면 충분하다.

막연한 숫자 대신 시장 전체를 구조적으로 이해하고, 시장 조사를 더 단순하고 명확하게 볼 수 있는 기본 틀이 있다. 바로 TAM·SAM·SOM(탐샘솜)이라는 세 가지 개념이다. 이 틀을 활용하면 시장의 전체 규모와 내가 실제로 공략할 수 있는 범위를 구분할 수 있고, 조사에 쏟을 시간과 에너지를 훨씬 효율적으로 쓸 수 있다. 시장 조사를 시작할 때 가장 중요한 것은 '내가 바라보는 시장이 얼마나 넓고, 그 안에서 실질적으로 접근할 수 있는 부분이 어디까지인지'를 구분하는 것이다.

TAM·SAM·SOM(탐샘솜) 시장 분석

전체 시장 TAM, Total Addressable Market
→ 이론적으로 진입 가능한 최대 시장 규모

유효 시장 SAM, Serviceable Available Market
→ 내 서비스가 실제로 접근 가능한 시장

수익 시장 SOM, Serviceable Obtainable Market
→ 현재 자원으로 당장 확보 가능한 초기 시장

TAM·SAM·SOM(탐샘솜)은 단순히 시장 크기를 계산하기 위한 도표가 아니다. 이 구조를 이해하면 "내가 어디까지 바라보고, 어디서부터 시작해야 하는가"를 명확하게 구분할 수 있다. 많은 창업자가 TAM(전체 시장)만 보고 시장이 크다고 말하지만, 실제로 사업의 성패를 결정짓는 것은 SOM(수익 시장), 지금 내 손으로 도달할 수 있는 시장이다. 시장 조사의 목적은 내 서비스가 어디에 자리 잡고, 어떤 고객을 향하고 있는지를 구체적으로 그려보는 것이다.

시장 조사를 하다 보면 전체 시장을 어떻게 설정해야 할지, 어떤 자료를 활용해야 할지 막막할 때가 많다. 특히 처음에는 정보가 너무 많아 무엇이 믿을 만한 자료인지조차 헷갈리기 쉽다. 이럴 때는 층위별로 아래 자료를 참고하면 조사 방향을 잡는 데 도움이 된다.

▎ 시장 분석을 위한 참고 자료

구분	목적	자료
TAM (전체 시장)	산업의 전체 크기 파악	통계청·정부/민간 산업 리포트 정부, 민간 보고서, 앱마켓·결제 총 사용자 지표
SAM (유효 시장)	내 서비스가 실제로 접근 가능한 세부 집단 파악	공공 통계의 세분(연령·지역·형태) 현장, 커뮤니티 데이터
SOM (수익 시장)	현재 자원으로 당장 확보 가능한 규모 추정	1차 고객 데이터(설문, 인터뷰, 오픈채팅), 랜딩페이지 전환율

이 자료들은 방향을 잡아주는 나침반일 뿐, 결론을 대신하지는 않는다. 한 가지 출처에 기대지 말고, 최소 두세 가지 근거로 교차 확인하는 것이 좋다. 무엇보다 고객의 목소리와 실제 현장을 자세히 살펴보는 것이 중요하다.

결국 시장 조사는 숫자를 맞추는 일이 아니라 '사람을 이해하는 과정'이다. 내가 만들고자 하는 서비스가 누구의 어떤 문제를 해결하는지, 그 사람들이 실제로 어떤 선택을 하는지를 들여다보는 것에서 출발해야 한다. TAM·SAM·SOM(탐샘솜)은 방향을 잡아주는 지도일 뿐, 중요한 것은 '내가 보고 있는 시장을 내 언어로 설명할 수 있는가'이다. 시장 조사를 통해 확신을 얻었다면, 이제 머릿속의 데이터에서 한발 더 나아가 현장으로 나가보자.

고객의 일상 속에서 답을 찾는 일, 그것이 바로 살아 있는 시장을 직접 조사하는 것이다.

MVP란 무엇인가?

창업을 준비하다 보면 누구나 완벽한 제품·서비스를 만들어야 한다는 압박을 느낀다. 기능을 더하고, 디자인을 다듬고, 모든 경우의 수를 계산하다 보면 서비스 론칭은 점점 늦어지게 된다. MVP(최소기능제품) Minimum Viable Product는 이 지점을 벗어나기 위한 방법이다. 완벽하지 않더라도 고객의 문제를 실제로 한 번이라도 풀어보게 해 주는 가장 작은 형태를 먼저 내놓고, 그 반응으로 다음 의사결정을 빠르게 하는 과정이 곧 MVP다.

많은 창업자가 첫 제품을 완벽하게 만들겠다는 생각으로 기능을 붙이고 디자인을 다듬으며 시간을 보내지만, 정작 고객에게 시도조차 못 해보는 경우가 많다. 이 과정에서 돈과 에너지가 소진되고, 뒤늦게 고객의 반응을 확인했을 때는 이미 방향을 바꾸기 어려운 경우도 많다. MVP는 이 실수를 막아준다. 작지만 고객에게 실제 도움이 되는 첫 경험을 제공하고, 그 반응을 배우며 다음 단계를 설계하기 때문이다.

MVP는 "대충 만든 시제품"이 아니다. **핵심 문제를 해결하는 최소 단위의 가치**를 담아야 한다. 고객이 체감하는 변화가 없으면 그것은 테스트가 아니라 연습일 뿐이다. 반대로 모든 기능을 넣어야만 가치가 전달된다면, 아직 문제 정의가 흐릿한 것이다. MVP의 목적은 출시가 아니라 검증이다. 고객의 실제 행동을 통해 "우리의 가정이 맞는가?"를 빠르게 확인하는 것이다.

MVP를 설계할 때는 이렇게 생각해 보자.
- 가장 큰 고객 문제는 무엇인가?
- 그 문제를 풀기 위한 내가 지금 당장 제공할 수 있는 최소 기능은 무엇인가?
- 고객이 실제로 이용했는지 확인할 지표는 무엇인가?
- 언제까지 확인할 것인가?

이 네 가지 질문에 답할 수 있다면 곧바로 MVP 테스트를 실행해 볼 수 있다. MVP는 업종과 아이템을 막론하고 누구에게나 적용할 수 있다. 예를 들어, 한 사람이 맞춤형 반찬 배달 서비스를 준비한다고 하자. 처음에는 누구나 화려한 앱, 간편 결제 시스템, 정교한 배송망을 꿈꾼다. 하지만 그 모든 준비를 마치기까지는 시간이 오래 걸리고, 비용도 만만치 않다. 초기에는 카카오톡으로 소수 고객에게 메뉴를 보내 주문을 받고, 계좌이체로 결제를 유도할 수 있다. 이 작은 시작만으로 선호 메뉴, 적정 가격, 재구매 의향을 배울 수 있다.

초등학생을 위한 영어 화상 수업을 준비한다고 가정해 보자. 대부분은 강사 풀을 만들고, 커리큘럼을 짜고, 예약 시스템까지 완비하려 애쓴다. 하지만 그 모든 준비를 끝내기 전, 작은 MVP를 시도할 수 있다. 강사 한 명과 학부모 몇 명을 연결해 화상 체험 수업을 진행하고 바로 피드백을 묻는다. "가장 좋았던 점은 무엇인가요?" "아쉬운 점은 없으셨나요?" 그 대답 속에서 부모들이 진짜로 원하는 수업 방식, 강사와 아이의 매칭이 얼마나 중요한지를 배우게 된다. 이처럼 MVP는 거창한 개발이나 완성형 제품이 아니다. 작은 시도로 고객의 마음을 확인하고, 그 반응을 배워가는 과정이다.

MVP는 머릿속에서 고민하고 구상하는 것에서 그쳐서는 안 된다. 가능한 한 빨리 시장에 내놓고, 고객의 실제 피드백을 받아야 한다. 그래야만 알 수 있다. 내가 정한 최소 기능이 고객의 마음에 닿았는지, 그들이 실제로 필요로 하는 것이 무엇인지. 결과가 기준에 못 미쳤다면 실패가 아니라 무엇을 바꿔야 하는지 알려주는 신호다. 타겟, 홍보 문구, 가격, 시간대 중 한 가지만 바꾸어 동일 조건으로 다시 1~2주 테스트한다. 여러 변수를 한 번에 바꾸면 원인을 알 수 없기 때문이다. 이러한 시도를 반복적으로 하다 보면 고객에게 어떤 언어와 가격으로 언제 제안하는지가 선명해지게 된다.

"완벽한 준비가 된 뒤에 시작하겠다"는 생각은 이제 내려놓자. 사업은 생각만으로 완성되지 않는다. 실제 고객 앞에 내놓는 순간부터 비로소 성장한다. 두렵더라도, 불완전하더라도 가능한 빨리, 고객에게 MVP를 보여주자.

한 페이지, 사업계획서로
아이디어 정리하기

처음 사업계획서를 작성할 때, 이런 생각을 하였다.

"사업계획서는 최대한 많이 써야지.", "자료가 많을수록 더 설득력 있어 보일 거다."

하지만 창업을 준비하고, 사업계획서를 직접 작성해 보고, 또 평가받아 본 경험이 쌓일수록 깨달았다. 사업계획서의 진짜 힘은 양이나 화려한 자료에 있지 않다는 사실을. 그 힘은 누가 보더라도, 이 사업이 왜 필요한지, 어떻게 실행될지, 어떤 가치가 있는지 한눈에 이해하고 설득될 수 있도록 흐름과 줄기를 세우는 데 있다.

한 페이지의 사업계획서를 읽었을 때, 읽는 사람이 사업의 흐름을 명확하게 이해하고, 실제로 실행이 가능하겠다는 확신을 가질 수 있어야 한다. '한 장의 기획서'는 단순히 내용을 줄여 쓰는 요약이 아니다.

문제 인식 → 해결책 → 실행 가능성 → 성장 전략 → 팀 구성

하나의 이야기처럼 자연스럽게 이어지는 설계도이다. 그 자체가 사업의 설득력을 만드는 핵심이다. 특히 정부지원사업 사업계획서를 작성할 때 이 점은 더욱 중요하다. 많은 이들이 문제 인식, 실현 가능성, 성장 전략, 팀 구성 같은 항목을 각각 따로 작성하다 보니, 전체의 흐름이 끊어지고 설득력이 약해진다. 각 항목이 흩어지지 않고 하나의 줄기로 연결되도록 구조를 만들어야 한다. 그렇다면 한 페이지 기획서에는 무엇이 담겨야 할까? 그 내용은 정부지원사업 사업계획서의 흐름 속에 있다.

문제 인식

내가 풀고자 하는 고객의 문제는 무엇인가? 이 문제를 왜 지금 해결해야 하는지, 그리고 시장에서 그 필요성이 얼마나 절실한지를 명확히 써야 한다. 또한 나의 창업 아이템이 등장하게 된 배경과 맥락을 간결하게 설명한다. 많은 창업자가 문제 인식을 작성할 때, 개별 고객의 작은 불편에만 초점을 맞추는 경우가 많다. 물론 구체적인 고객의 고민을 그려보는 것은 중요하다. 하지만 그 문제는 결국 더 큰 사회적 흐름과 변화 속에서 생겨난 결과임을 잊지 말아야 한다. 이렇게 문제 인식을 확장하면 내 사업은 단순히 "하나의 서비스"가 아니라, 개인과 사회의 문제를 함께 풀어내는 의미 있는 시도로 보이게 된다.

실현 가능성

지금까지 내가 준비해 온 것은 무엇인가? 시장 조사, MVP, 초기 고객 피드백 등 지금까지의 준비 과정을 점검하고, 앞으로 3~6개월 안에 실행할 구체적인 계획을 세워야 한다. '실현 가능성'은 단순히 아이디어를 제시하는 데서 그치지 않는다. 얼마나 깊이 고민했고, 무엇을 시도해 왔으며, 어떤 근거 위에 실행을 준비하고 있는지를 보여주는 영역이다. 따라서 무엇을, 언제, 어떻게 실행할 것인지를 명확히 제시해야 하며, 이는 정부지원 사업 계획서의 '구체화 방안'과 '사업화 추진 전략'의 핵심 기반이 된다.

성장 전략

성장 전략을 쓸 때, 좋은 아이디어와 화려한 기능에만 집중하는 경우가 있다. 하지만 정작 중요한 것은 비즈니스 모델과 수익 모델을 얼마나 명확히 정의했는가이다. 아무리 고객에게 가치 있는 서비스를 제공한다 해도, 그 가치가 어떻게 돈이 되고, 그 돈이 어떻게 다시 사업을 지속 가능하게 만드는지 설득해야 한다. 따라서 이 부분에서는 고객이 왜 내 제품이나 서비스에 비용을 지불하는지, 그리고 그 돈이 어떤 방식으로 수익으로 전환되는지를 간결하고 명확하게 제시해야 한다. 이를테면 처음에는 소규모

구독 기반으로 시작하지만, 점차 기능을 추가해 프리미엄 구독, 광고, 데이터 기반 추가 서비스로 확장한다는 그림까지 담는 것이다.

팀 구성

아무리 좋은 아이디어와 강한 의지가 있어도 혼자서는 사업을 현실로 만들 수 없다. 결국 아이디어를 현실로 바꾸는 힘은 함께하는 팀에서 나온다. 팀 구성은 이 사업을 함께 실현할 핵심 인물들이 누구인지, 어떤 역할을 맡고 있으며 어떤 강점을 가졌는지를 구체적으로 보여주어야 한다. 무엇보다 팀을 꾸릴 때는 모든 팀원이 비슷한 역량을 가진 사람들로 채워지지 않도록 주의해야 한다. 많은 창업팀이 친분이나 비슷한 경험을 중심으로 팀을 꾸리곤 하지만, 각기 다른 영역의 전문가들이 모여 서로의 부족한 부분을 채워주는 팀이 훨씬 더 강한 팀이 된다. 이러한 구조는 사업계획서의 신뢰도를 높일 뿐 아니라, 실제 사업을 운영하며 예상치 못한 문제를 만났을 때도 팀이 유연하고 빠르게 대응할 수 있게 해 준다.

이처럼 한 페이지 기획서를 쓴다는 것은 단순히 내용을 줄여 쓰는 일이 아니다. 그 한 장은 내 사업의 뼈대와 흐름, 줄기를 세우는 작업이고, 이 줄기가 바로 사업계획서 전체를 지탱하는 힘이 된다. 문제 인식부터 성장 전략, 팀 구성까지 한 줄기 이야기로 이어지는 설계도가 완성되면, 그 위에 어떤 자료를 더하더라도 흐트러지지 않는 강한 사업계획서를 만들 수 있다. 사업계획서를 쓰기 위해서는 먼저 단 한 장의 기획서를 작성하자. 그

한 장이 바로 정부지원사업, 투자자, 그리고 고객을 설득하는 가장 강력한
무기가 될 것이다.

막연한 생각은 있는데,
사업계획서 쓸 수 있을까요?

Q. 아이디어가 선명하지 않은데, 지금 사업계획서를 써도 될까요?

A. 됩니다.

사업계획서는 완성된 답안을 보여주는 문서가 아니라, 막연함을 구체화하는 과정입니다. 전문 용어와 숫자는 나중에 채워도 괜찮아요. 지금은 "나는 누구를 위해 무엇을 하려고 하는가, 왜 내가 하려는가"를 한 단락으로 솔직하게 적어보세요. 문장으로 옮기는 순간 구조를 갖습니다.

그다음에는 그 사람이 겪는 핵심 문제가 무엇인지, 내가 당장 제공할 수 있는 최소한의 해결책이 무엇인지 한 문장씩 붙여보세요. 경쟁자 분석과 시장 조사는 거창할 필요가 없습니다. 비슷한 서비스의 리뷰를 몇 개 읽고, 잠재 고객 두세 명과 10분만 대화해도 충분한 첫 번째 근거가 됩니다.

처음 사업계획서를 작성 할 때는 정부지원사업 계획서 형식이 아니어도 괜찮습니다. 사업계획서는 완벽함을 증명하는 서류가 아니라 다음 행동을 정하게 하는 안내서입니다. 막연해도 시작하면 선명해집니다. 문장으로 적는 순간 생각은 계획이 되고, 계획은 실행으로 이어집니다.

Chapter 4

창업자를 위한
지원제도와
활용법

혼자서 모든 걸 감당해야 할까요?

여성 창업자는 다양한 제도와 지원을 활용할 수 있습니다.

이 장에서는 정부지원사업과 제도적 자원을 현실적으로 활용하는 전략을 소개합니다.

당신의 창업 여정을 더 단단하게 지켜줄 기회를 찾아보세요.

01
창업에 활용 가능한
정부지원사업 지도

많은 창업자가 정부지원사업을 떠올리면 "너무 복잡하다", "내가 도전할 수 있을까?"라는 막연한 두려움을 느낀다. 나 역시 처음에는 그랬다. 하지만 정부지원사업은 단순히 자금을 지원받는 제도가 아니다. 이는 창업자가 혼자서 모든 비용과 자원을 감당하지 않아도 되도록 돕기 위해 마련된 창업의 도구다. 이 도구를 잘 활용하면 비용 절감 이상의 성장 기회를 얻을 수 있다.

정부지원사업을 통한 혜택

- 아이템을 점검하고, 구체화할 기회를 얻는다.
- 창업자, 선배 창업자, 멘토 등 네트워킹 기회를 얻는다.
- 창업 초기의 자금 부담을 줄이고, 제품 및 서비스 개발에 집중할 수 있다.

정부지원사업은 복잡한 제도가 아니다. 적절하게 활용하면 내 사업을 현실로 만드는 가장 실질적이고, 유용한 길이 된다. 이제 그 흐름과 구조를 한눈에 볼 수 있도록, 주요 정부지원사업을 정리해 보자.

┃ 주요 정부지원사업

사업명	지원 대상	지원 내용
예비창업패키지	예비 창업자 (사업자 등록 전)	사업화 자금(최대 1억 원), 교육, 멘토링, 네트워크
초기창업패키지	창업 3년 이내 기업	사업화 자금(최대 1억 원), 시장 진입 지원, 제품/서비스 고도화
창업도약패키지	창업 3~7년 차 기업	사업화 자금, 투자 연계, 판로 개척, 글로벌 진출 지원
R&D 지원사업	기술 기반 창업자, 중소기업	기술 개발 비용, 연구개발 자금 지원
청년창업사관학교	만 39세 이하 청년 창업자	사업화 자금(최대 1억 원), 창업 공간, 교육, 멘토링
신사업창업사관학교	업종 전환, 재창업, 중장년 창업자	사업화 자금, 창업 교육, 컨설팅, 멘토링

정부지원사업은 창업의 단계에 따라 체계적으로 설계되어 있다. 아이디어 단계부터 도약 단계까지, 창업자의 성장 속도와 필요에 맞춰 단계별로 지원이 이어진다.

아이디어 단계: 예비창업패키지

아직 사업자 등록을 하지 않은 예비 창업자를 위한 대표적인 프로그램이다. 아이디어를 사업화로 구체화할 수 있도록 사업화 자금(최대 약 1억 원), 멘토링, 교육, 네트워킹 기회를 제공한다. 아이디어를 실제 사업의 형태로 구현해 보는 첫 단계다.

초기 단계: 초기창업패키지

사업자 등록을 마친 지 3년 이내의 창업자가 대상이다. 사업화 자금(최대 약 1억 원)과 함께 시장 진입, 제품·서비스 고도화, 초기 매출 확보를 위한 실질적인 지원이 이루어진다. 이 단계의 목표는 사업의 초석을 다지고 시장에서 자리 잡는 것이다.

성장 단계: 창업도약패키지

창업 3년 이상 7년 미만의 기업을 위한 성장 단계 지원사업이다. 이미 매출이 발생한 기업이 시장에 안정적으로 안착하고, 스케일업할 수 있도록 사업화 자금, 투자 연계, 판로 개척, 글로벌 진출 지원 등으로 구성되어 있다. 즉, 성장을 가속화하는 지원사업이다.

기술 창업 단계: R&D 지원사업

기술 지원 창업자를 위한 프로그램으로 단순한 사업화 자금이 아닌 기술 개발 비용을 직접 지원한다. 독창적인 기술이나 특허를 바탕으로 시장에 도전하고 경쟁 우위를 확보할 수 있도록 돕는 사업이다.

단계별 정부지원사업과 함께, 청년창업사관학교와 신사업창업사관학교도 짚고 넘어갈 필요가 있다. 두 프로그램 모두 '현장 중심의 실전형 창업 교육'이라는 공통점을 갖지만, 대상과 목적이 다르다.

청년창업사관학교

만 39세 이하의 청년 창업자를 대상으로 사업화를 위한 자금, 공간, 교육, 멘토링을 종합적으로 제공하는 대표적 프로그램이다. 단순한 자금 지원을 넘어, 청년 창업자가 실제로 제품을 만들고, 시장에 진입하고, 사업을 성장시키는 전 과정을 밀착 지원 받을 수 있다.

신사업창업사관학교

중장년 창업자, 재창업자, 소상공인을 대상으로 새로운 시장 도전이나 업종 전환을 준비할 수 있도록 돕는 프로그램이다. 기존의 경험과 역량을 기반으로 새로운 비즈니스 모델을 설계하고 시장에 다시 도전할 기회를 제공한다.

이 밖에도 각 부처와 공공기관이 제공하는 다양한 창업지원사업이 있다. 정부지원사업은 대부분 매년 초, 1~3월 사이에 주요 공고가 집중적으로 나오기 때문에 이 시기를 놓치지 않도록 관련 사이트들을 상시 모니터링하는 습관을 들이는 것이 좋다. 더 나아가 작년 공고문과 사업계획서 양식을 미리 참고해 보고, 그 형식에 맞춰 내 사업 아이디어를 한 번 작성해 보는 연습을 해두면 큰 도움이 된다. 이런 준비 과정이 나중에 지원사업에 도전할 때 훨씬 빠르고 체계적으로 대응할 힘이 된다.

정부지원사업의 정보를 얻기 위해 꼭 참고하면 좋은 사이트

- **K-Startup** www.k-startup.go.kr

  중소벤처기업부에서 운영하는 대표 창업지원 포털로, 정부와 지자체의 각종 창업지원사업 공고를 가장 빠르고 정확하게 확인할 수 있다.

- **중소벤처기업부** www.mss.go.kr

  중소기업, 소상공인, 벤처기업을 위한 정부 지원 정책과 사업 정보를 제공한다.

- **기업 마당** www.bizinfo.go.kr

  여러 부처·지자체에서 흩어져 있는 지원사업 공고를 한곳에서 검색, 신청할 수 있다.

- **여성기업 종합정보 포털** www.wbiz.or.kr

  여성창업 관련 지원사업과 여성기업 인증, 관련 교육·네트워크 정보를 제공한다.

02
작지만 알찬
지자체 소규모 사업

창업을 처음 준비하는 많은 사람들, 특히 여성 창업자들은 예비창업패키지, 청년창업사관학교 같은 큰 정부지원사업 앞에서 쉽게 주눅 들곤 한다. 서류와 발표, 준비 요건이 높게 느껴지기 때문이다. 나 역시 그랬다. 처음 창업을 꿈꿀 때, 거창한 정부지원사업보다는 지역신문에서 본 〈여성비전센터 입주 기업 공고〉가 내 첫걸음이었다. 그 공고를 보고 "그래, 일단 내 아이디어를 구체화해 보자"라는 마음으로 사업계획서를 작성해 보고, 지원해 보고, 멘토링과 교육을 받으며 현실적 기반을 만들기 시작했다.

지자체 소규모 사업은 겉보기엔 작지만, 실속 있는 지원이 많다. 입주 공간 제공처럼 눈에 보이는 지원뿐 아니라, 100만~300만 원 규모의 마케팅 지원비, 시제품 제작 지원, 온라인 홍보 콘텐츠 제작비 지원, 전시·홍보

부스 제공 등 실제 도움이 되는 프로그램이 다양하다.

　무엇보다 큰 장점은 경쟁 범위가 지역 단위로 좁다는 것이다. 전국 단위 사업은 경쟁률이 높고, 스펙이 뛰어난 참가자와 경쟁해야 하지만, 지자체 사업은 해당 지역 거주자나 사업장 보유자만 신청할 수 있어 진입장벽이 낮다. 즉, 현실적으로 선정 가능성이 높고 부담이 적다. 이런 소규모 사업은 단순히 금전적 지원을 넘어서 내 사업의 초석을 다지고 작은 성공 경험을 쌓는 데 큰 도움이 된다. 또한 이런 기회를 통해 작은 규모라도 시장에 직접 제품을 내보거나, 마케팅 실험을 해보는 경험을 할 수 있다. 이런 정보를 얻기 위해서는 단순히 대형 포털 검색만으로 부족하다. 정기적으로 다음 사이트를 확인해 보자.

지역 창업 정보 사이트

- 시청, 도청, 구청 홈페이지
- 지역 상공회의소, 사회적경제지원센터
- 여성비전센터, 여성새로일하기센터
- 청년창업지원센터, 청년센터 홈페이지

　검색할 때는 "창업지원", "소상공인 지원", "마케팅 지원", "입주 공간" 같은 주요 키워드와 내 거주지명을 붙여 검색하면 훨씬 빠르게 정보를 찾을 수 있다.

창업 아이템이 예술·문화 분야라면 기회는 더 다양하다. 지역마다 예술인과 문화 창작자를 대상으로 한 소규모 창작지원금, 지역축제 참가비 지원, 콘텐츠 제작비 지원, 공공 예술 프로젝트 참여 기회가 다양하게 마련되어 있다. 이곳에서는 전국 단위 또는 지역 단위 예술 창업지원사업 공고를 정기적으로 확인할 수 있다.

예술 관련 지원사업 사이트

- 예술경영지원센터 www.gokams.or.kr
- 한국문화예술위원회 www.arko.or.kr
- 각 지역문화재단 홈페이지

이러한 지원사업을 통해 창작 초기 자금뿐 아니라, 전시·공연 기획, 마케팅, 브랜딩, 창작 공간 제공 등 예술 분야에 특화된 실질적 지원을 받을 수 있다. 무엇보다 예술·문화 분야는 지역 특화 사업이 풍부하기 때문에 거주 지역의 문화재단, 예술인 복지재단, 지역 예술인 네트워크도 적극적으로 탐색하고, 꾸준히 모니터링하는 습관이 중요하다.

크게 시작할 필요는 없다. 내 거주지 주변의 작은 기회부터 하나씩 문을 두드려 보자. 그렇게 무언가를 시도했을 때, 새로운 사람을 만나고, 예상치 못한 기회가 연결된다. 그 작은 도전이 결국 내 아이디어를 구체화하고 사업으로 발전시킬 수 있는 첫 단초가 된다. 작게 시작하더라도 꾸준히 시도하는 그 과정 속에서 길은 자연스럽게 열린다.

03
실속 있는 현물지원:
공간, 교육, 멘토링 활용법

정부지원사업이라고 하면 많은 사람들이 가장 먼저 떠올리는 건 '지원금'이다. 얼마를 받을 수 있는지, 자금 지원은 어디까지 되는지에만 초점을 맞춘다. 하지만 지원금만큼이나, 아니 어쩌면 그 이상으로 소중한 것은 현물지원이다. 현물지원이란 현금 외에 창업자가 필요로 하는 자원을 대신 제공받는 형태의 지원을 말한다.

무상 창업 공간

가장 대표적인 현물지원은 무상 창업 공간이다. 창업 초기에 보증금과 월세, 관리비로 나가는 고정비는 큰 부담이다. 따라서 무상 공간을 지원받는 것은 수백만 원에서 수천만 원의 자금을 확보한 것과 같은 효과를 낸다. 이 공간의 또 다른 장점은 네트워크다. 같은 길을 걷는 창업자들이 모여 있어, 자연스럽게 정보와 기회가 오가며 협업의 가능성이 생긴다.

창업 교육과 멘토링

현물지원은 공간에만 그치지 않는다. 창업 교육, 전문 멘토링, 컨설팅 지원도 매우 중요한 현물지원이다. 아무리 열심히 사업계획서를 쓰고 아이템을 준비해도, 나 혼자의 지식과 경험에는 한계가 있다. 그럴 때 각 분야의 전문가를 만나 자문을 구하고, 시행착오를 줄여가는 과정이야말로 가장 값진 지원이다.

예를 들어, 이런 무료 멘토링 지원사업이 있다.
- 경기창업플랫폼: 월 1회 무료 멘토링 지원
- 성남산업진흥원: 연 3회 수시 멘토링 지원

이런 프로그램을 적극 활용하면 단순한 상담을 넘어, 사업의 구조를 전문가와 함께 다듬는 실질적인 성장의 시간이 된다. 이러한 정보는 각 지역 창업지원 기관, 지자체 창업센터 홈페이지의 공고란에서 확인할 수 있다.

특허 · 지식재산권

현물지원 중 또 하나 주목해야 할 것은 지식재산권, 특허 관련 지원이다. 많은 창업자가 특허를 '나중에 생각할 일'로 여기지만 사실 특허는 아이디어를 보호하고, 투자자에게 신뢰를 주며, 사업의 확장성을 지켜주는 강력한 무기다. 대표적인 프로그램이 "IP 나래 프로그램"이다. 특허청과 한국발명진흥회가 운영하며, 창업자에게 특허의 중요성을 교육하고 사업에 맞는 지식재산 전략을 세우도록 돕는다. 교육을 이수하면 아래와 같은 지원이 주어진다.

- 무료 특허 멘토링 제공
- 특허 출원 비용 일부 또는 전액 지원

단순히 비용 절감 효과를 넘어서 내 사업 아이템에 맞는 특허 전략을 전문가와 함께 설계할 수 있다는 점이 큰 가치다. 이런 특허 지원사업 정보는 K-Startup, 지역 창조경제혁신센터, 지자체 경제진흥원, IP 지원센터 홈페이지 등을 통해 확인할 수 있다. 검색할 때는 "특허 지원", "IP 나래", "지식재산 지원사업"처럼 키워드를 활용하자.

현물지원은 눈에 보이지 않아 가치를 쉽게 지나치기 쉽지만, 그야말로 사업의 시행착오 비용을 줄여주는 최고의 기회다. 창업 자금을 구하기에 앞서, 그 자금을 아끼게 해 줄 현물지원을 먼저 탐색하고 활용해보자.

창업 현물지원 주요 항목

- **창업 공간 지원**

  무상 또는 저렴한 비용으로 사무실, 공동 작업 공간, 회의실 제공

- **교육 프로그램**

  사업계획서 작성, 마케팅, 세무회계, 투자 유치, 지식재산권, 글로벌 진출 등 창업 관련 맞춤형 교육

- **전문 멘토링 / 컨설팅**

  사업화 전략, 투자 전략, 기술 개발, 디자인, 해외 진출 등 분야별 전문가 1:1 멘토링

- **시제품 제작 지원**

  시제품 설계, 3D 프린팅, 목업 제작, 시제품 제작 공간·장비 제공

  (예: 메이커스페이스, 창조경제혁신센터 Fab Lab 등)

- **시험·인증 지원**

  제품·서비스의 공인 시험 비용, 인증 취득 비용(예: KC 인증, 의료기기 인증)을 일부 대납 또는 무료 지원

- **마케팅·판로 지원**

  온·오프라인 홍보 콘텐츠 제작 지원, 영상·카달로그 제작, 국내외 전시회·박람회 부스 제공, 온라인 쇼핑몰 입점 지원

- **지식재산권 지원**

  특허, 상표, 디자인 출원 컨설팅, 출원 수수료 일부 또는 전액 지원

- **네트워킹 및 투자 연계 기회 제공**

  IR데이, 데모데이, 투자자 매칭 행사 참여 기회 제공

04
영리 vs 비영리 기업
창업 구조

처음 창업을 준비할 때 많은 사람이 가장 먼저 부딪히는 질문이 있다.
"법인을 내야 할까, 개인사업자로 시작해야 할까?"

이 질문은 단순히 사업자 등록의 형식을 고르는 문제가 아니라, 내 사업의 방향과 성격을 정하는 중요한 첫 결정이다. 개인사업자와 법인사업자의 가장 큰 차이는 '사업의 주체가 누구냐'에 있다. 개인사업자는 사업의 주체가 바로 나 자신이다. 등록과 운영이 간단하고 초기 세무·회계 비용이 적어 소규모 창업자들이 많이 선택한다. 하지만 사업상 모든 법적 책임과 세금 부담도 나 개인에게 직접 돌아온다는 점을 기억해야 한다.

법인은 나와 분리된 별도의 법적 주체이다. 법인 명의로 계약을 맺고,

법인 명의로 사업을 운영한다. 초기 설립 절차가 개인사업자보다 까다롭고, 설립 비용, 세무·회계 처리, 각종 보고 의무 등 유지 비용이 발생하지만, 그만큼 투자 유치, 정부지원사업 가점, 대외 신뢰도 측면에서 유리하다. 특히 일부 정부지원사업이나 R&D 과제는 법인만 신청할 수 있으며, 사회적기업 인증, 예비사회적기업 지정, 협동조합 설립 등 사회적경제 영역의 사업은 반드시 법인 형태여야 지원할 수 있다. 따라서 공공기관 사업, 투자, 사회적 가치 실현 등으로 확장할 계획이 있다면, 법인 설립은 단순한 형태를 넘어 전략적 선택이 될 수 있다.

기업의 형태는 수익을 누구를 위해, 어떻게 쓰는가에 따라 달라진다.
- 영리기업은 수익을 구성원에게 배분하거나, 사업 확장을 위해 재투자한다.
- 비영리기업은 이익을 배분하지 않고, 사회적 가치 실현이나 공익 목적에 재투자한다.

비영리 조직에는 사단법인, 재단법인, 공익법인, 비영리 민간단체 등이 포함된다. 반면 사회적기업, 협동조합, 마을기업은 그 중간 지점에 있다. 이 중 특히 사회적기업은 법인 형태를 갖춘 영리 활동을 하면서도, 이익의 일정 비율 이상을 사회적 목적 실현에 재투자하도록 법적으로 정해져 있다. 즉, 수익을 내되 사회적 가치를 중심에 두는 '사회적경제 기업'이다.

내 사업에 맞는 구조를 결정하는 기준은 단순하다. 무엇을 가장 중요한 가치로 삼고 있는가를 돌아보면 된다.

- 고객에게 가치를 제공하고, 그 대가로 수익을 얻어 성장하는 것이 목표라면 영리기업이 적합하다.
- 수익보다 사회적 가치 실현이나 공익 활동이 중심이라면 비영리기업이 적합하다.

영리기업은 시장 경쟁 속에서 스스로 성장해야 하는 만큼 자율성과 확장성이 강점이다. 비영리기업은 정부지원사업, 공공기관 위탁 사업, 기부금, 후원금 등을 통해 공공 자원을 기반으로 안정적인 운영이 가능하다.

내 아이템의 본질과 사업의 방향성을 고민하고, 그에 맞는 구조를 택하는 것, 그것이 창업 준비의 첫걸음이다. 하지만 처음부터 완벽한 정답을 찾으려 애쓸 필요는 없다. 사업은 시작하면서 배우고, 성장하면서 방향을 더 구체적으로 세워갈 수 있다. 필요하다면 초기에는 개인사업자로 출발하고, 사업을 진행하며 시장과 고객의 반응을 보면서 점차 사회적기업이나 협동조합 등 법인 형태의 사회적경제 조직으로 확장하는 것도 현명한 길이다. 사업의 형태는 변할 수 있지만, 결국 중요한 것은 시장 속에서 스스로 검증되고 성장하는 일이다.

05
정부지원사업, 탈락과 선정의 차이:
서류에서 갈린다

정부지원사업에 도전하는 창업자라면 누구나 한 번쯤 이런 말을 들어

봤을 것이다.

"정부지원사업은 서류에서 이미 당락이 결정된다."

이 말은 결코 과장이 아니다. 많은 지원사업이 1차 서류 단계에서
70~80% 이상의 신청자를 걸러낸다. 서류는 단순한 형식적인 절차가 아니
라, 내 사업의 흐름과 실행력을 심사위원에게 처음이자 가장 강력하게 보
여주는 무기다. 서류는 쓰는 것이 아니라, 내 사업을 설득력 있게 증명하
는 과정이다.

많은 창업자가 좋은 아이템을 가지고도 서류에서 탈락한다. 그 이유

는 단순히 글을 잘못 써서가 아니다. 가장 중요한 두 가지를 놓치기 때문이다.

- 시스템이 돌아가는 구조: 반복 가능한 매출 구조 설계
- 차별화된 경쟁력: 나만의 기술과 아이디어로 설득력 확보

대부분 실패는 '창업'과 '자영업'을 구분하지 못한 데서 시작된다. 자영업은 한 번 팔아 수익을 남기는 구조지만, 창업은 지속적으로 매출이 쌓이는 시스템을 만드는 일이다. 고객이 다시 돌아오고, 판매가 반복되며, 매출이 순환되는 구조를 설계해야 한다. 또한 차별화된 경쟁력이 반드시 필요하다. 나만의 기술, 아이디어, 서비스의 독창성이 있어야 시장에서 살아남을 수 있고, 지원사업 심사에서도 설득력을 가질 수 있다.

많은 사업계획서가 이 두 가지를 담지 못한다. 논리의 흐름이 끊기고, '왜 이 사업을 하는가'가 드러나지 않는다. 시장 조사, 경쟁자 분석, 수익 모델 같은 핵심 내용은 빈약하거나 추상적이며, "열심히 하겠다", "최선을 다하겠다"라는 의지의 문장만 가득하다. 하지만 사업계획서는 의지를 적는 곳이 아니다. 시스템, 수익 구조, 경쟁력 있는 기술과 차별화 전략처럼 사업을 실제로 굴러가게 만드는 구조가 담겨야 한다. 결국 문장의 화려함이 아니라, 내용의 구체성과 논리의 흐름이 선정의 기준이 된다.

반대로 선정되는 사업계획서는 한 눈에 다르다. 구조가 명확하고, 흐름

이 자연스럽다. "이 사업은 실행이 가능하겠구나"하는 신뢰감이 생긴다. 문제 → 해결책 → 실행 가능성 → 성장 전략 → 팀 구성까지, 하나의 이야기처럼 자연스럽게 이어진다. 또한 공고문에 명시된 평가 항목과 내용이 정확히 맞아떨어진다.

이 흐름을 만들기 위해서는 지원사업의 목적을 정확히 이해하는 것이 먼저다. 같은 창업 아이템이라도 모든 지원사업에 똑같은 사업계획서를 제출해서는 안 된다. 각 지원사업은 추구하는 목적과 평가 기준이 다르기 때문이다. 어떤 사업은 '초기 창업자의 시장 진입'을, 어떤 사업은 '기술 고도화'나 '글로벌 확장'을 목표로 한다. 따라서 이 지원사업이 어떤 기업을 어떻게 성장시키고 싶은가를 이해한 뒤, 그 취지에 맞게 사업계획서를 재구성해야 한다.

그렇다면 우리는 어떻게 준비하면 좋을까?
- 먼저, 작년 공고문과 선정된 기획서를 살펴보자.
- 그다음, 한 장짜리 기획서로 내 사업의 전체 흐름을 정리하자.
- 공고문에 적힌 평가 항목을 출력하자. 그 기준에 맞게 작성됐는지 점검하자.
- 창업진흥원, 창조경제혁신센터, 경기창업플랫폼 등 무료 멘토링 프로그램을 활용하자.

정부지원사업 서류는 겉보기에 화려한 글쓰기가 아니다. 내 사업의 진정성과 실행력을 증명하는 과정이다. 처음부터 완벽해지려 애쓸 필요는 없다. 생각의 흐름을 차근차근 정리하며 '내 사업을 설명할 수 있는 언어'를 만들어 가자. 그 연습이 쌓일수록 사업계획서는 내 사업의 구조와 방향을 가장 명확하게 보여주는 지도가 되어 간다.

06
면접과 피칭,
어디까지 준비해야 할까?

정부지원사업의 서류를 통과하면 이제 면접과 피칭이라는 마지막 관문이 기다리고 있다. 많은 창업자가 이 단계에서 긴장하고 막막함을 느낀다. "발표 자료는 어떻게 만들어야 하지", "무슨 말을 해야 하지", "예상치 못한 질문이 나오면 뭐라고 답하지" 이런 고민을 한다. 하지만 서류를 통과했다는 건 이미 가능성과 실행력을 인정받았다는 뜻이다. 실제로 대부분의 정부지원사업은 면접 단계에서 약 2배수를 발표 대상으로 선정한다. 즉, 발표 기회를 얻었다는 것만으로도 최종 선정까지 한 걸음 남은 상태라는 점을 기억하자.

발표 자료

발표 자료를 준비할 때 가장 중요한 것은 디자인이 아니라 구조와 논리의 흐름이다. 대부분 발표 시간은 10분 내외로 제한된다. 따라서 서류 작성과 마찬가지로 하나의 이야기로 자연스럽게 이어지도록 구성해야 한다. 발표 자료를 만들기 전, A4 한 장에 전체 흐름을 먼저 스케치해 보자. 각 슬라이드는 한 장에 하나의 메시지만 담고, 핵심 키워드와 숫자 데이터로 간결하게 구성하자. 이렇게 만든 발표 자료는 심사위원에게 "이 사업은 준비가 되어 있구나"라는 신뢰감을 준다.

발표 연습

발표 연습은 슬라이드를 읽는 연습이 아니다. 내 사업을 내 언어로 자연스럽게 설명하는 연습이어야 한다. 무엇보다 정해진 발표 시간 안에 핵심 메시지를 정확히 전달해야 한다. 대부분의 지원사업은 시간을 엄격하게 관리하기 때문에, 시간이 초과하면 발표가 바로 중단된다. 따라서 발표 시간에 맞춘 스크립트 구성과 반복 연습이 필수다. 스크립트를 외우기보다 흐름을 이해하고 자연스럽게 말하는 감각을 익혀야 한다. 거울 앞에서 연습하거나, 음성 녹음이나 영상 촬영을 통해 발음, 속도, 시선을 점검해 보자. 실제 발표장처럼 긴장감을 유지하며 연습할수록 실전에서 강해진다. 또한 발표 자료는 반드시 서류와 일관성이 있어야 한다. 서류에서 강조했던 시장 조사, 경쟁자 분석, 수익 구조, 팀의 강점이 발표 자료에도 자연스럽게 녹아 있어야 심사위원에게 신뢰를 줄 수 있다.

질의응답

면접의 핵심은 질의응답이다. 발표가 끝나면 심사위원들이 돌아가며 창업자에게 질문을 던진다. 이때 심사위원이 원하는 것은 정답이 아니다. 창업자가 자신의 사업을 깊이 이해하고 있는가, 그리고 준비가 되어 있는가를 확인하고 싶어 한다. 미리 어떤 질문이 나올지 예상해 보고, 질문을 뽑고 그에 대한 답변을 준비하자.

예를 들어 "첫 매출은 언제 나나요?", "경쟁자 대비 강점은 무엇인가요?" 같은 질문에 대해 1~2문장으로 핵심을 담은 답변을 준비하고 연습하는 것이 큰 도움이 된다. 무엇보다 자신의 약점은 스스로 가장 잘 알고 있을 것이다. 질문을 준비할 때는 내 사업의 약점이 어디인지, 그 부분을 어떻게 보완하고 있는지를 스스로 점검하고, 약점을 뛰어넘을 수 있는 답변을 미리 만들어 두는 것이 필요하다. 이 연습을 반복하는 과정에서 질의응답은 더 이상 두려운 시간이 아니라, 내 사업의 준비성과 실행력을 보여줄 기회가 된다.

면접과 피칭은 화려한 자료나 말솜씨를 보여주는 자리가 아니다. 내 사업에 대한 진정성과 준비 정도를 솔직하고 논리적으로 전달하는 것이 핵심이다. 발표는 아이템을 소개하는 시간이 아니라 심사위원을 설득할 기회다. 수많은 발표 속에서도 나만의 스토리가 있는 발표는 단연 돋보인다. 왜 이 사업을 시작했는지, 왜 필요한지, 무엇을 이루고 싶은지를 이야기로 담아내자. 충분한 연습과 스스로의 질문을 통한 준비는 단순한 설명을 설득으로 바꾸고, 그 과정이 내 사업을 더욱 단단하게 만든다.

07
여성기업, 소셜벤처
인증이 주는 혜택

창업을 하면 사업자 등록만으로 모든 준비가 끝났다고 생각하기 쉽다. 하지만 실제로는 그다음 단계에서 '어떤 방향으로 사업을 키워갈 것인가'를 고민하게 되는 시점이 찾아온다. 이때 고려할 방법 중 하나가 바로 '인증' 제도를 활용하는 것이다. 여기서 말하는 인증은 '사업자 등록'과는 별개의 개념으로, 내가 운영하는 기업의 정체성과 방향성을 제도적으로 증명해 주는 절차다.

예를 들어 내가 여성 창업자라면 '여성기업 인증'을 받을 수 있고, 사회 문제를 해결하고자 하는 비즈니스를 운영한다면 '소셜벤처 확인제도'나 '예비사회적기업 인증'을 고려해 볼 수 있다. 이러한 인증은 반드시 받아야 하는 것은 아니지만, 선택적으로 잘 활용하면 사업에 든든한 발판이 되어줄 수 있다. 정부지원사업에서 가점을 받을 수 있고, 공공기관 입찰 참여 자격이 생기며, 대외 신뢰도까지 높아져 협력이나 투자에서도 긍정적인 평가를 받을 수 있다.

여성기업 확인제도

여성 창업자라면 가장 먼저 확인해 볼 인증이 바로 여성기업 확인제도다. 이 제도는 여성 대표가 실질적으로 회사를 운영하고 있음을 공식적으로 인정받는 절차다.

여성기업으로 인정받기 위한 두 가지 조건

- 여성 대표자가 지분의 51% 이상을 보유할 것
- 대표가 실제로 회사를 경영하고 있을 것

명의만 여성으로 되어 있고 실제로는 다른 사람이 경영할 때는 인증을 받을 수 없다. 신청은 여성기업 종합정보 포털에서 온라인으로 가능하다. 필요 서류는 사업자등록증, 주주명부, 정관, 4대 보험 사업자 가입자 명부 등 기본적인 사업 서류다. 제출 후, 여성기업 확인 기관의 서류 심사를 거치며, 필요시 보완 요청이나 간단한 현장 실사가 진행된다. 심사 기간은 보통 2주에서 4주 정도 소요된다. 여성기업 인증은 단순한 행정 절차가 아니라 정부사업 참여, 공공 조달, 민간 협업 등에서 신뢰와 경쟁력을 높여준다.

여성기업 인증의 주요 혜택

- 조달청 등록 및 공공 구매 우대
- 여성기업 전용 R&D 지원사업 및 지자체 창업 프로그램
- 대기업, 공공기관의 CRS 협력 기회 확대

소셜벤처 확인제도

최근 몇 년 사이 주목받고 있는 또 하나의 인증이 바로 소셜벤처 확인 제도다. 이 제도는 기술 기반의 혁신 창업이면서 동시에 사회문제 해결이라는 가치를 실천하는 기업에 주어지는 인증이다. 교육, 돌봄, 환경, 장애인 접근성, 지역 격차 해소 등 사회적 가치를 창출하는 기업이라면 소셜벤처 확인을 받을 수 있다. 소셜벤처 확인은 단순한 자격 부여가 아니다. 기업의 사회 성과와 혁신 성장성, 두 가지 축으로 평가된다.

- 사회 성과: 명확한 사회문제를 정의하고 이를 해결한 실질적 성과
- 혁신 성장성: 기술력, 시장 가능성, 성장 전략 등

각 영역에서 점수를 부여받으며, 총 70점 이상을 획득해야 소셜벤처로 확인받을 수 있다. 신청은 소셜벤처스퀘어에서 할 수 있으며, 신청뿐 아니라 자가진단 기능도 제공한다.

인증을 통해 얻을 수 있는 기회

- 사회 가치 투자 및 소셜벤처 전용 엑셀러레이팅 참여
- 사회적경제 제품 우선구매 제도 활용
- 공공기관 및 대기업 ESG 연계 파트너십

소셜벤처로 확인받으면 다양한 성장 기회가 열린다. 특히 공공기관의 사회적 가치 프로젝트나 대기업의 ESG 협력 사업에서는 소셜벤처 확인 여부가 중요한 평가 기준이 된다.

내 사업이 단순히 '소셜'한 성격을 넘어서, 사회적 목적 그 자체를 핵심으로 두고 있다면 '예비사회적기업 인증'도 고려할 수 있다. 예비사회적기업으로 지정되면 인건비 일부를 지원받거나, 사회적기업 전환을 위한 컨설팅, 우선구매 혜택, 홍보·판로 지원 등을 받을 수 있다. 다만, 예비사회적기업 인증은 법인 설립이 필수이며, 일반적인 영리 구조보다 공공성과 지속 가능성을 강조하는 방식이기 때문에, 이에 대한 보다 자세한 구조와 장단점은 앞에서 다룬 '영리 vs 비영리 기업 구조' 꼭지에서 다시 확인해 보면 좋다.

어떤 사업을 하느냐에 따라 적절한 인증을 전략적으로 선택해 활용하는 것은 창업자가 받을 수 있는 가장 직접적이고 실질적인 혜택 중 하나다. 인증이 곧 신뢰가 되고, 그 신뢰는 자금, 기회, 연결로 이어진다. 창업 후 일정 궤도에 올랐다면, 나의 방향성과 맞는 인증을 하나씩 챙겨보자.

정부지원사업, 저도 도전해도 될까요?
너무 어려워 보여요.

Q. 정부지원사업이 낯설고 어려워 보입니다. 저 같은 초보도 지원해도 될까요?

A. 됩니다.

정부지원사업은 '기창업자만을 위한 심사'가 아니라 초보 창업자가 아이디어를 구체화하도록 돕는 장치입니다. 규모도 다양해서, 수억 원 단위의 사업만 있는 게 아니라 아이디어·시제품 단계에 맞춘 소규모 프로그램도 있습니다. 여성 창업자나 1인 창업자를 위한 트랙도 점점 많아지는 추세입니다.

정부지원사업은 돈을 받는 일이 아니라 혼자 하기 어려운 준비를 같이 해보는 과정입니다. 아이템 정리, 시제품 시도, 고객 인터뷰, 초기 판로 연결까지 한 번에 경험할 수 있어요. 지원사업을 통해 자연스럽게 사업계획서를 쓰는 힘이 생기고, 창업의 흐름을 구조적으로 이해하게 됩니다. 심사위원들은 완성된 사업보다 '실행 의지와 성장 가능성'을 더 중요하게 봅니다.

처음 시작할 땐 한 가지 프로그램만 골라 공고문을 쉬운 말로 풀어 읽어보세요. 한 번 제출해 보면 다음에는 무엇을 보완해야 할 지 스스로 알게 됩니다. "너무 어려워 보여서" 멈추기보다, 한 번 써보는 경험이 창업 여정에 큰 도움이 됩니다. 실제로 많은 창업자들이 첫 정부지원사업 경험을 통해 사업 아이디어를 다듬고, 브랜딩 방향이나 타깃 고객을 다시 설정하게 됩니다.

Chapter 5

나만의 브랜드

만들기와

마케팅 실행력

좋은 아이템과 계획만으로는 부족합니다.

사람들이 당신을 기억하도록 만드는 힘, 그것이 바로 브랜드입니다.

이 장에서는 브랜드를 만들고 시장에서 첫발을 내딛는 방법을 구체적으로 다룹니다.

당신의 창업이 고객에게 각인되는 순간을 상상해 보세요.

01
브랜딩의 본질:
'나'를 정의하는 것부러

사물이나 현상이 본래부터 지닌 고유한 성질이나 특성을 본질이라고 하고, 우리는 그 본질에 대한 의미를 부여하고 확인하며 살아가고 있다. 식당의 음식은 맛이 있어야 하고, 옷은 나에게 맞고 편하며, 예뻐야 하는 것이 각각의 본질이라 할 수 있을 것이다. 그렇다면 브랜딩의 본질은 무엇이고, 어떤 의미에서 브랜딩이 중요할까.

브랜딩 얘기를 하기 전에 먼저, 브랜드**Brand**를 이해할 필요가 있다. **브랜드는 존재 그 자체를 의미한다.** 브랜드는 사람들이 어떤 제품이나 서비스를 떠올릴 때 자연스럽게 머릿속에 그려지는 이미지, 감정, 가치, 그리고 이야기 등이라 할 수 있다. 브랜드가 갖는 가장 큰 의미는 경쟁자 또는 경쟁 업체의 것과 구별하기 위해 사용하는 기호, 문자, 도형 따위의 일정한 표식이라 할 수 있다. 미국 마케팅협회**AMA**의 정의에 따르면 브랜드는 단순히 이름이나 로고가 아닌 제품이나 서비스를 식별하고 차별화하기 위한 표식. 즉, 전통적인 상표와 동일한 의미로 사용할 수 있는 것이다. 우리가 빨간 유리병을 보면서 코카콜라를 떠올리고, 명품이라는 말을 하면서 에르메스를 떠올리는 것은, 성공적인 브랜딩의 결과로 해당 존재와 인식이 남달라졌기 때문이다.

브랜딩은 브랜드를 만들어 내고, 관리하며, 소비자에게 전달하는 모든 과정이라 할 수 있다. 성공적인 브랜딩을 위해서는 브랜드의 방향성과 목표를 세우고, 누구에게 어떤 이미지를 전달할 것인지 전략적으로 설계해야 한다. 그다음 로고, 색상, 폰트, 패키지 디자인 등 시각적 요소를 구성해 브랜드의 외형을 완성하고, 브랜드가 가진 철학과 이야기를 스토리텔링을 통해 소비자와 소통해야 한다. 좋은 브랜드는 이러한 모든 경험이 일관되게 느껴지도록 설계된 브랜드다. 결국 브랜딩은 그 사람이나 제품이 어떻게 보이고, 들리며, 느껴지게 할 것인지에 대한 연출이다. 그래서 창업뿐만 아니라 우리의 모든 삶에 있어 브랜드가 중요하고 그 브랜드를 만들어 내는 브랜딩이 중요한 것이다.

브랜딩의 본질은 단순한 로고나 슬로건, 예쁜 패키지가 아닌 정체성 Identity과 약속Promise이라 할 수 있다. 이 브랜드는 누구인가? 또는 어떤 제품인가에 대한 명확한 답을 해 줄 수 있는 가치를 추구하고, 어떤 성격을 가졌는지에 대한 결과물이 바로 정체성이다. 또한 브랜드가 일관되게 전달하는 메시지라 할 수 있는 "우리를 선택하면 이런 경험을 할 수 있습니다."라고 약속하는 것이 바로 브랜딩이다. 대부분 사람은 이성보다 감정 또는 감성적 판단과 느낌으로 브랜드를 선택하는 경우가 많아 감정적 연결이 중요하며, 브랜드는 일관성을 반드시 유지할 수 있어야 한다.

스타벅스는 단순히 커피를 파는 곳이 아니라 "언제든지 편하게 머무를 수 있는 제3의 공간"이라는 인식을 주고 있는데 이것이 바로 스타벅스의 브랜딩 전략이다. 반면 GAP은 클래식한 세리프 로고를 현대적인 산세리프 로고로 교체했으나 소비자 반발과 SNS에서의 비난 폭주로 6일 만에 원래 로고로 복귀한 사건이 있었다.

나, 또는 우리의 제품을 강력한 브랜드로 만들어 성공하고 싶다면 브랜드의 본질은 정체성과 약속이라는 점을 꼭 기억하고 브랜딩을 실천할 수 있도록 하자.

02
나만의 브랜드 네이밍과
슬로건 만들기

브랜드 네이밍**Brand Naming**이란 브랜드나 제품에 적합한 이름을 창조하는 과정을 말한다. 이 이름은 소비자의 인식, 감정, 기억에 직접적인 영향을 미치므로 굉장히 중요하다. 브랜드는 그 목적과 특징에 따라 다양한 방식으로 분류할 수 있으며, 각 유형에 맞는 네이밍 전략을 실천해야 한다. 일반적으로 기업의 성격에 따라 기업 브랜드, 제품 브랜드, 그리고 서비스 브랜드가 있다.

기업 브랜드: 삼성, 애플처럼 회사 전체를 대표하는 이름
제품 브랜드: 삼성의 '갤럭시', 애플의 '아이폰'처럼 개별 제품이나 제품군에 붙는 이름
서비스 브랜드: 넷플릭스**Netflix**, 배달의민족처럼 서비스 자체가 중심이 되는 브랜드

그렇다면 나에게 지금 필요한 것은 어떤 브랜드인가? 기업, 제품, 또는 서비스 등 어떤 브랜드로 만들 것인지 결정 해보자. 효과적인 브랜드 네이밍을 위해서는 타겟과 역할을 반드시 확인해 봐야 한다.

롯데제과: 소비자를 대상으로 하는 브랜드
오라클: 기업 고객을 위한 브랜드
샤넬: 고가의 럭셔리 브랜드
다이소: 실용성 위주의 가성비 브랜드

제품마다 다른 브랜드명을 사용할 것인지, 아니면 하나의 브랜드로 여러 제품을 포괄하는 방식으로 할지에 대한 부분도 고려해야 할 사항이다. 또한 맥도날드와 같이 글로벌 브랜드로 할지 아니면 보령 머드축제처럼 특정 지역에서 활동하는 지역 브랜드로 할지에 대한 고민도 당연히 필요하다. 이러한 고민과 생각을 마쳤다면 본격적인 브랜드 네이밍을 실천해 보자. 좋은 그리고 반드시 필요한 나만의 브랜드 네이밍은 다음과 같이 만들어야 한다.

좋은 브랜드 네임은 기억되는 동시에 '의미가 있는 이름'이어야 한다. 다음 다섯 가지를 기준으로 점검해 보자.

- **간결성과 기억 용이성**
  나이키Nike, 애플Apple과 같이 발음하기 쉽고 짧은 것이 유리하다.

- **브랜드 정체성 반영**

  스타벅스Starbucks의 제3의 공간과 같이 해당 가치, 철학, 비전을 담을 수 있어야 한다.

- **차별성과 독창성**

  코닥Kodak과 같이 발명된 단어로 독창성을 갖고 경쟁 브랜드와 명확히 구분될 수 있어야 한다.

- **확장성과 유연성**

  삼성Samsung과 같이 특정 제품에 국한되지 않는 제품군 확장이나 글로벌 진출까지도 고려할 수 있어야 한다.

- **문화 및 언어적 적합성**

  브랜드가 언어나 다른 문화에서 사용이 적합해야 한다.

지금까지의 내용을 토대로 아래에 나만의 브랜드를 적어보고 그 의미와 가치를 부여해 보자.

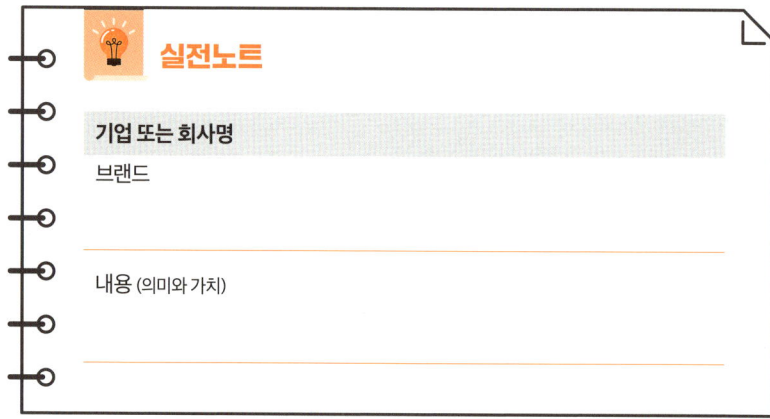

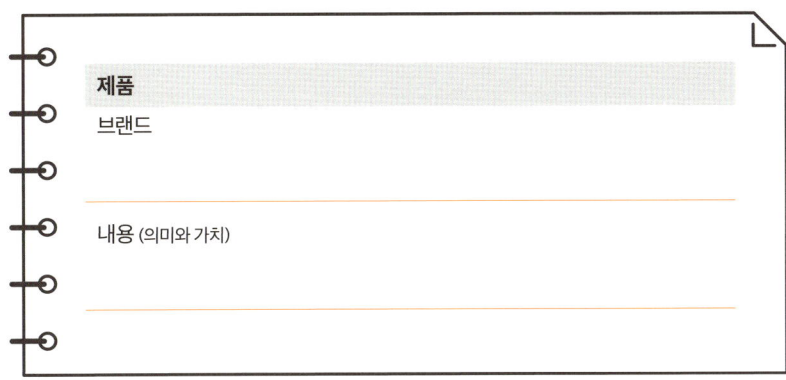

제품

브랜드

_____

내용 (의미와 가치)

_____

나만의 브랜드를 만들었다면 여기서 끝나는 것이 아니다. 그 브랜드를 강화하고 각인시킬 수 있는 제대로 된 슬로건Slogan을 만들어야 한다. 슬로건은 단순한 문구가 아닌 내 브랜드의 정체성과 가치를 응축하여 표현할 수 있는 강력한 메시지라 할 수 있다. 슬로건을 만들고 사용하는 목적은 앞서 얘기한 내용을 모두 포함한다. 즉, 브랜드의 철학, 비전, 그리고 정체성을 전달하며, 소비자의 기억에 남기 위한 감정적 연결과 경쟁 브랜드와의 차별화를 가능하게 하기 위해 슬로건이 필요하다.

좋은 슬로건을 만들기 위한 팁은 아래와 같다.

- 브랜드의 핵심 가치 제대로 정의하기
- 고객의 입장에서 메시지가 와닿을 수 있도록 고민해 보기
- 짧고 강렬한 문장으로 표현하기
- 리듬감이나 운율 고려 또는 추가하기

이러한 내용을 모두 반영한 슬로건으로는 나이키 'Just Do It'과 LG

'Life's Good' 등이 있다. 자, 이제 실전노트에 내가 만든 브랜드에 가장 잘 어울리고 효과적인 슬로건을 만들어 보자.

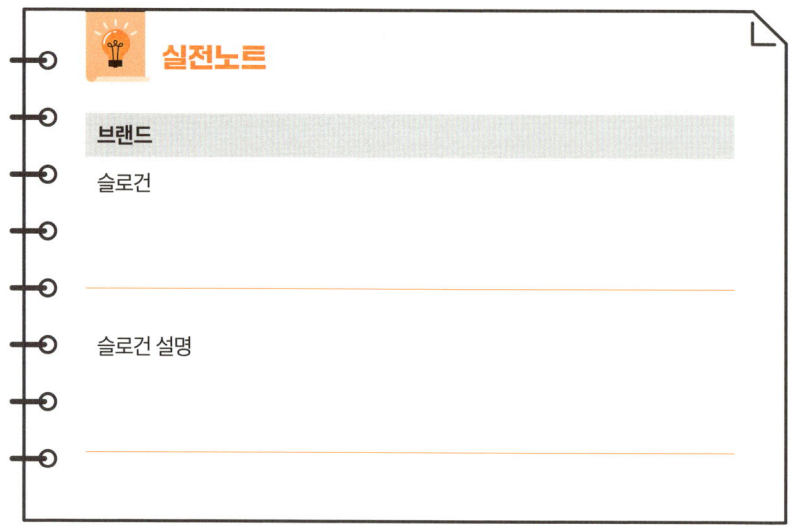

나만의 브랜드 네이밍과 슬로건을 만든다는 것은 비즈니스 시작이자 전체라고 할 수 있다.

03
고객별 브랜딩 전략 :
감성형 vs 정보형 vs 실용형

일반적으로 창업을 하는 데 반드시 필요한 **창업 필수 3요소를 창업자, 아이템, 자금**이라고 말한다. 현장에서 다양한 컨설팅과 창업을 준비하는 예비 창업자와 초기 창업자를 만나보면 이 핵심을 놓치고 있는 경우를 종종 발견할 수 있다. 여기서 말하는 핵심은 누구에게 어떤 제품이나 서비스를 제대로 그리고 효과적으로 제공할 수 있는지에 대한 것이다.

창업은 내가 만들고 싶은 것을 만드는 것이 아니라 소비자가 필요로 하는 제품과 서비스를 경쟁력 있게 만들어 판매 또는 제공할 수 있어야 한다. 결론적으로 아이템 선정 시 정말 중요한 부분은 고객의 입장에서 생각하고 아이템을 선정 및 개발하여 발전시키는 것이다. 그래서 효과적인 브랜딩 전략을 수립하고 실천함에 있어서도 고객을 제대로 나누고 분석할 수 있어야 한다.

고객을 나누는 기준과 방법은 정말 다양하다. 효과적인 내용 전달을 위해 고객을 3가지 유형으로 나누어 구분해 보고 각 유형별 특징과 브랜딩 전략을 실천해 보도록 하자.

고객의 유형은 감성형Emotional Type, 정보형Informational Type, 실용형Practical Type으로 구분할 수 있다.

감성형 고객의 특징은 감정, 분위기, 스토리에 민감하며, 브랜드의 가치와 철학을 중시하고 충성도가 높아 팬덤 형성이 가능하다. 감성형 고객을 대상으로는 다음과 같은 브랜딩 전략이 효과적이다.

1. 스토리텔링Storytelling 중심: 브랜드의 탄생과 개별, 창업자의 철학, 그리고 사회적 가치 등을 감성적으로 전달할 수 있어야 한다.
2. 비주얼Visual과 톤Tone 활용: 감성적인 이미지, 따뜻한 색감, 그리고 공감 가는 문구를 사용해 보자.
3. 커뮤니티Community 구축: SNS 이벤트, 굿즈 제공 등과 같은 브랜드 팬들과의 소통을 강화해야 한다.

정보형 고객은 합리적인 사고와 정보 탐색을 중하게 여기며, 제품 비교, 리뷰, 스펙, 그리고 가격 등을 꼼꼼히 분석하기 때문에 신뢰성과 전문성에 민감한 편이다. 정보형 고객을 대상으로는 다음과 같은 브랜딩 전략이 필요하다.

1. 객관적인 정보 제공: 제품에 대한 상세한 설명, 경쟁 제품과의 비교표, FAQ, 리뷰 등을 강조해야 한다.
2. 전문성 강조: 브랜드의 기술력, 인증과 수상 명세, 그리고 각종 신뢰 요소를 부각해야 한다.
3. 검색 및 노출 최적화: 정보 검색이 가능한 기기와 매체에서 관련 정보를 제대로 그리고 상위에 노출할 수 있어야 한다.

마지막으로 **실용형 고객**은 가성비, 편의성, 실용성을 중시하며, 빠른 구매 결정은 물론 반복 구매 가능성이 높고, 브랜드보다는 기능과 가격에 집중하는 모습을 보인다. 실용형 고객을 대상으로는 다음과 같은 브랜딩 전략을 실천해야 한다.

1. 명확한 혜택 제시: 가격, 할인, 배송, 교환 및 환불 등 정책에 대한 실용 정보를 강조해야 한다.
2. 간결한 메시지: 복잡한 설명을 하기보다는 핵심만 전달할 수 있도록 한다.
3. 편리하고 직관적인 UI/UX: 빠른 결제, 직관적 구조, 그리고 모바일 최적화가 가능해야 한다.

유형	주요 동기	효과적 전략	대표 브랜드
감성형	감정, 공감	스토리텔링, 감성 콘텐츠	스타벅스, 파타고니아
정보형	분석, 신뢰	리뷰, 비교, 전문성 강조	삼성, LG
실용형	가성비, 편의성	가격 혜택, 간결한 메시지	다이소, 쿠팡

지금까지 살펴본 고객 유형에 따른 세분화는 광고 메시지, 콘텐츠 기획, UI/UX 설계, 제품 포지셔닝 등까지 전반적인 브랜딩 전략에 영향을 주는 중요한 부분이다.

04
SNS 채널별 콘텐츠 전략 :
고객은 어디에서 기다리고 있을까?

마케팅에서 SNS는 가장 중요한 전략이자 수단이 되고 있다. 실제로 '대기업을 마케팅으로 이기는 방법은 SNS밖에 없다'라는 말이 나올 정도다. 이렇게 영향력이 커진 그리고 앞으로도 더욱 강력한 영향력을 발휘할 SNS를 어떻게 활용해야 할까? 우리 제품과 서비스를 이용하고 구매할 고객은 도대체 어디에 있는 것일까? 그 고객들은 어떤 경로와 내용을 통해 제품과 서비스를 확인하고 결정하는 것일까? 이에 대한 가장 효과적인 답을 찾아보자.

SNS는 Social Networking Service의 약자로 온라인상에서 사람들 간의 관계를 형성하고 유지하며, 정보를 공유할 수 있도록 지원하는 서비스를 말한다. 대표적인 예로 페이스북, 유튜브, 인스타그램, 트위터(현 X),

틱톡, 링크드인 등이 있다. 대부분은 고개를 끄덕이며 "나 이거 알아" 이렇게 아는 척을 할 것이다. 그러나 포인트는 SNS의 종류를 아는 것이 아니라 내가 SNS의 단순 소비자가 아닌 콘텐츠 생성자로서 마케팅으로 활용할 수 있어야 한다는 것이다.

SNS의 주요 구성요소를 살펴보면 기본적으로 사용자의 정체성을 나타내는 정보라 할 수 있는 프로필이 있다. 여기에 친구, 팔로워, 그룹 등의 관계를 형성하는 네트워크 그리고 해당 서비스의 내용이자 전달할 수 있는 핵심인 텍스트, 이미지, 영상 등의 콘텐츠가 더해진다. 마지막으로 좋아요, 댓글, 공유, 메시지 등의 소통이 가능한 상호작용이 존재한다. 특히, SNS는 쌍방향 소통, 사용자 중심 콘텐츠, 관계 기반 구조, 확산성, 그리고 개인화가 가능한 특성이 있으므로 우리는 SNS를 통한 마케팅을 적극적으로 해야 한다.

주요 SNS에 대한 특성과 함께 해당 채널에서의 콘텐츠 전략을 어떻게 수립하고 실천하면 좋을지 하나씩 알아보자.

페이스북Facebook

페이스북은 다양한 연령층 특히, 30~50대가 중심이며, 커뮤니티 그룹과 실시간 소통이 강점이고 텍스트와 링크를 포함하는 콘텐츠에 강한 편이다. 페이스북을 활용한 콘텐츠 전략으로는 이벤트, 후기, 실시간 방송,

그룹 운영 및 커뮤니티 기반 소통, 그리고 광고 타게팅 활용을 효과적으로 실시하면 좋다.

유튜브Youtube

유튜브는 대표적인 영상 기반의 검색형 플랫폼이다. 전 세대가 사용하고 있으며, 특히, 30~50대 교육 콘텐츠 수요가 높고 검색 최적화가 중요한 요소를 차지하는 특성이 있다. 유튜브 콘텐츠 전략으로는 브랜드 콘텐츠, 리뷰, 튜토리얼 등의 구성으로 짧은 쇼츠와 긴 형식의 콘텐츠를 병행하면 효과적일 수 있다.

인스타그램Instagram

인스타그램은 감정 중심의 비주얼 플랫폼 성격이 강해 20~40대 여성 사용자 비중이 높고, 해시태그 검색 활용도가 높은 특성을 보인다. 따라서 인스타그램에 적합한 콘텐츠는 고품질 이미지와 릴스 영상, 감성적 스토리텔링 중심 콘텐츠, 가능할 경우 인플루언서 협업 및 해시태그 챌린지 등이 좋은 방법이다.

트위터Twitter, 현 X

트위터x는 단문 중심의 실시간 확산이 빨라 뉴스, 이슈, 트렌드를 빠르게 퍼뜨릴 수 있으며, 일방향 구독이 가능해 정보 소비에 최적화된 특성을 갖는다. 트위터x에 적합한 콘텐츠는 핵심을 빠르게 전달할 수 있는 문장 구성, 1~3개 정도의 해시태그 사용, 이슈, 트렌드, 사용자 멘션에 빠르게 대응할 수 있는 Z세대와 MZ세대에 친근하게 다가갈 수 있는 전략을 실천하면 효과적이다.

틱톡TikTok

틱톡은 Z세대 중심, 짧고 강렬한 영상을 선호하며, 밈, 챌린지, 유행 사운드를 활용한 빠른 확산이 가장 큰 특징이라 할 수 있다. 틱톡을 활용한 콘텐츠 전략은 밈 기반 콘텐츠, 챌린지 참여와 같은 영상을 유머, 공감, 감각적 편집을 통해 15초에서 1분 내외로 만들어 활용하면 좋다.

링크드인Linkedin

링크드인은 B2B, 전문가 중심의 네트워크, 직무, 산업 관련 콘텐츠를 선호하는 특성이 있으며, 글로벌 비즈니스에 유용하기도 하다. 링크드인 콘텐츠는 업계 동향, 성공 사례, 비즈니스 정보 등 전문성 있는 인사이트 콘텐츠가 유리하므로 정제된 언어와 포지셔닝을 강조할 필요가 있다.

목적	적합한 채널
브랜드 인지도 강화	인스타그램, 유튜브, 틱톡
신뢰 기반 정보 제공	유튜브, 블로그, 링크드인
고객 커뮤니티 구축	페이스북, 인스타그램 스토리
Z세대 타겟	틱톡, 인스타그램 릴스
B2B 타겟	링크드인, 유튜브

05
마케팅 설계도:
인지도 → 신뢰 → 구매로 가는 흐름

우리는 어떤 일을 할 때 목표를 수립하고 방향을 결정한 후, 가장 효과적인 방법을 찾아 실천하고자 한다. 일을 열심히 하는 것도 중요하지만 그보다 잘하는 것이 더 중요하다. 우리는 늘 경쟁하고 있고 특히, 비즈니스 성과에 있어 2등은 의미가 없기 때문이다. 그래서 생존을 위한 효과 만점인 마케팅 방법에 대해 제대로 된 기본 설계를 해보고자 한다.

마케팅은 결국 기업의 매출에 어떻게든 영향을 미치고 또 성과로 나타나기 마련이다. 제대로 된 마케팅을 하면 우리 브랜드와 제품에 대한 인지도가 만들어지고 소비자로부터의 신뢰를 쌓을 수 있다. 결국 이런 단계를 거쳐 소비자들은 믿고 구매하게 된다. 방금 설명한 과정 즉, 인지도 형성, 신뢰 쌓기, 구매 결정은 마케팅에서의 고객 여정Customer Journey이자,

그 흐름의 핵심이다. 이 모든 단계는 유기적으로 연결되어 있으므로 아래 내용을 토대로 마케팅 설계를 할 수 있어야 한다.

인지도 형성 Brand Awareness

인지도 형성의 목적은 브랜드 존재를 인지시키고, 기억나게 하며, 고객의 고려 대상 안에 들어가는 것을 목표로 한다고 할 수 있다. 우리 브랜드가 해당 카테고리에서 가장 먼저 떠오르는 브랜드가 되어야 한다. 로고만 봐도 브랜드를 알 수 있고 반대로 이름 없이도 떠오를 수 있게 만들어야 한다. 인지도 형성을 위해서는 광고 노출을 극대화하고, 디지털 마케팅 기술을 활용하여 SNS 콘텐츠를 확산하며, 최적화를 통한 상위 노출을 일관성 있게 유지할 필요가 있다.

신뢰 쌓기 Trust Building

신뢰 쌓기는 브랜드에 대한 신뢰와 호감 형성을 통해 고객이 브랜드를 믿고 선택할 수 있는 이유를 제공하는 것이 목적이라고 할 수 있다. 신뢰를 쌓기 위해서는 브랜드 스토리, 창업자 철학과 기업 가치 등으로 공감을 만들어 감성적으로 연결하고, 일관된 브랜드 메시지를 전하는 것이 중요하다. 핵심 전략으로는 실제 사용자의 경험을 공유할 수 있는 고객 후기와 리뷰를 강조하고, 전문성 있는 콘텐츠를 안정적으로 제공할 필요가 있으며, 가격, 정책, 철학 등을 명확히 전달함은 물론 사회적 책임 활동과 고객 응대 품질을 높일 필요가 있다.

구매 결정 Purchase Decision

　구매 결정은 고객이 실제 구매 행동으로 이어지도록 유도하며, 전환율을 극대화하는 것을 목적으로 하고 있으므로 실질적인 결과 도출이자 마케팅 성과의 최종 관문이라 할 수 있다. 고객 구매 여정은 인지, 신뢰, 구매로 이어지는 선형이 아닌 반복적이고 복합적이다. 구매 후 경험이라 할 수 있는 만족, 재구매, 충성도, 그리고 구전으로 이어지기 때문에 구매 결정을 위한 마케팅 전략을 수립할 때는 이러한 부분을 꼭 명심해야 한다. 핵심 전략으로는 명확한 CTA**Call to Action** 지금 구매하기, 장바구니 담기 등이 가능해야 한다. 또한 쿠폰, 한정 특가, 무료배송 등과 같은 구매 유인, 리뷰와 비교 콘텐츠 강화를 통한 설득, 소비자 심리적 장벽 제거와 직관적이고 편리한 UI/UX를 실천할 수 있어야 한다.

단계	핵심 목표	주요 전략	성공 지표
인지도 형성	브랜드 존재 알리기	광고, SNS, SEO	도달률, 검색량, 브랜드 언급
신뢰 쌓기	브랜드 호감과 신뢰 쌓기	후기, 콘텐츠, 투명성	체류 시간, 재방문율, 긍정 리뷰
구매 결정	실제 구매 유도	프로모션, CTA, UX	전환율, 매출, 장바구니 전환

06
고객이 콘텐츠를 신뢰하는 순간 :
진정성과 지속성

사전적 의미로 신뢰는 '어떤 사람이나 대상이 정직하고 믿을 만하여 의지할 수 있다고 여기는 마음 또는 그렇게 믿고 의지함'이라고 나온다. 신뢰는 정직함과 믿음이라는 기본적인 조건을 충족할 수 있어야 한다. 그렇다면 소비자들은 어떤 제품과 서비스를 신뢰할 수 있을까? 이 부분에 대한 궁금증을 먼저 해결해 보고 그 답에 가장 적절한 콘텐츠를 개발하는 방법에 대해서도 알아보도록 하자.

소비자가 신뢰하는 또는 신뢰할 수 있는 제품이나 서비스는 다음과 같은 공통적인 특성이 있다.

1. 일관된 품질

제품이나 서비스가 사용할 때마다 예상하고 보증하는 수준의 성능을 유지하고 있다. 해당 예로 커피 전문점에서 마시는 커피는 대부분 항상 같은 맛과 온도로 제공되는 것을 확인할 수 있다.

2. 투명성

가격, 성능, 원산지, 기업 정보 등의 내용에 대해 명확하고 숨김 또는 거짓 없이 공개하고 있다. 식품 업계에서 식품의 영양 정보와 알레르기 유발 성분 등에 대한 표기를 명확히 하고 지키고 있는 부분이다.

3. 책임감 있는 대응

문제가 생겼을 경우, 신속하고 진정성 있는 사후 대응하고 있다. 해당 예로 불량 제품에 대한 교환 및 환불 정책 등을 명확히 하고 있으며, 그렇게 운영하는 것을 확인할 수 있다.

4. 소통과 피드백 반영

고객의 의견에 늘 귀를 기울이고 진지하게 듣고 개선하고자 한다. 고객이 리뷰를 작성하면 관련 내용을 제품이나 서비스에 반영할 수 있다.

5. 지속적인 개선

제품이나 서비스가 멈추지 않고 끊임없이 발전하고 있다. 예를 들면 정기적인 기능 개선과 보안 업데이트하는 소프트웨어 등이 있다.

6. 브랜드 신념과 가치

브랜드는 일관된 철학이나 사회적 책임 의식을 갖는다. 친환경 생산과 윤리적 소비를 강조하는 기업은 이러한 신념과 가치를 실천하며 소비자에게 신뢰를 쌓아간다. 여기서 중요한 점은 신뢰는 한 번에 얻어지는 것이 아니라 방금 설명한 다양한 요소들이 시간을 주고 누적되면서 서서히 형성되는 것이라는 점이다.

그렇다면 이러한 요소들을 토대로 고객이 신뢰할 수 있는 콘텐츠를 어떻게 만들 수 있을까? 아주 쉽게 해결하기 위해 두 가지 키워드를 전해보고자 한다. 첫 번째 키워드는 진정성이고, 두 번째 키워드는 지속성이다.

제품과 서비스에 진심을 담는 것은 기본이다. 요즘은 온라인과 오프라인을 아우르는 다양한 채널 덕분에, 의지만 있으면 언제든 소비자를 만날 수 있다. 내가 가장 익숙하고 잘 다룰 수 있는 채널을 선택해 보자. 그 매체를 통해 제품과 서비스의 강점과 차별점을 자연스럽게 드러내며, 소비자들이 '좋아하고 선택할 이유'를 느낄 수 있도록 콘텐츠를 기획하고 배포해야 한다.

이때 중요한 것은 나의 입장보다 '소비자의 관점'이다. 소비자가 관심 있고, 필요로 하며, 실제로 원하는 내용을 중심으로 구성해야 한다. 또한 대부분 사람은 스스로 인지하지 않으면 쉽게 잊어버린다. 제품과 서비스도 마찬가지다. 아무리 좋은 제품이라 하더라도 소비자들이 지속해서 인지하고 기억하지 못하면 오래가지 못하고 잊힐 수밖에 없다. 따라서 지속적인 콘텐츠를 만들고 배포하여 우리 제품과 서비스가 살아 있음을 알려야한다.

명심하자. 고객이 콘텐츠를 신뢰하려면 진정성이 있어야 하고 그 진정성을 인정받으려면 지속성이 같이 존재해야 한다. 지금 바로 우리 제품과 서비스를 제대로 알리고 소비자들이 신뢰할 수 있도록 꾸준한 계획을 수립한 후, 실천해 보도록 하자.

07
브랜드 팬 만들기 :
단골을 넘어 지지자로

　일반적인 소비자들은 자신만의 판단 기준에 의해 제품이나 서비스를 선택하고 결정하려는 특징을 갖고 있다. 만약 자동차를 구매한다고 가정하면 누군가는 디자인을, 또 누군가는 성능을, 또 다른 누군가는 가격을 기준으로 삼고 구매를 결정한다. 브랜드는 이러한 구매 결정 과정을 수월하게 하고, 소비자로 하여금 지지와 응원을 받을 수 있는 근간이 되기도 한다. 많은 소비자가 나와 우리 브랜드의 팬이 된다면 어떻게 될까? 인지도가 자연스럽게 올라갈 뿐 아니라 매출 역시 증가하게 된다. 이제 질문해 보자.

- 단순한 단골을 넘어 브랜드 지지자로 만들기 위해서는 무엇이 필요할까?

- 그것을 가능하게 하는 요소들은 무엇일까?

먼저 단골이란 무엇인지 알아볼 필요가 있다. 단골이라는 단어는 시대와 맥락에 따라 조금씩 다르게 사용되지만, 가장 기본적인 의미로 보자면 '늘 정해진 곳에서 반복적으로 거래하거나 이용하는 사람'을 말한다. 이런 단골이 나와 우리 브랜드의 지지자가 된다면 당연히 내 사업은 청색 신호등이 켜질 것이다. 단골을 넘어 브랜드 지지자Brand Advocate로 만들기 위해서는 무엇보다 고객의 마음을 움직이는 정서적 연결과 참여 경험이 핵심이다.

다음의 실천을 통해 브랜드 지지자를 만들어 보자.

1. 브랜드의 존재 이유를 명확히 전달하기

단순한 제품과 서비스 내용이 아닌 브랜드가 존재하는 이유, 즉, 'why?'에 대한 부분을 고객에게 전달할 수 있어야 한다. 해당 예로 "우리는 플라스틱 없는 세상을 위해 존재합니다." 같은 가치 중심 메시지는 강한 공감과 참여 의지를 끌어낸다.

2. 독점적 혜택과 콘텐츠 제공하기

브랜드 지지자는 '특별한 사람'으로 대우받고 싶은 욕구를 가진다. 한정판 상품, VIP 전용 이벤트, 비공개 콘텐츠처럼 소속감과 자부심을 자극하는 요소는 지지력을 높이는 데 매우 효과적이다.

3. 고객 의견 반영 및 피드백 응답하기

고객이 남긴 리뷰나 제안을 실제 개선에 반영하면, 브랜드에 대한 주인 의식이 생길 수 있다. 이는 곧 자발적 홍보로 이어진다.

4. 사용자 생성 콘텐츠UGC 장려하기

고객이 자발적으로 브랜드를 홍보할 수 있도록 유도해야 한다. SNS 챌린지, 후기 공유 이벤트, 해시태그 캠페인 등을 실시하면 아주 좋다.

5. 브랜드 커뮤니티 구축하기

브랜드를 중심으로 한 공통 관심사 기반 커뮤니티를 만들어 보자. 러닝 브랜드의 러너 모임, 친환경 브랜드의 환경 캠페인처럼 브랜드 경험이 일상 속 커뮤니티 활동으로 확장되면 강력한 지속력이 생긴다.

6. 앰배서더 프로그램 운영하기

적극적이고 열정적인 고객을 공식 파트너로 초대해 보자. 제품 체험 기회, 리워드, 콘텐츠 제작 기회를 제공하면 지속적인 관계가 형성됨은 물론 브랜드 시너지를 확실히 경험할 수 있다.

브랜드는 더 이상 '나 vs 고객'의 구조가 아니다. 이제는 생산자와 소비자가 분리되지 않는 시대다. 고객은 단순한 소비자가 아니라 브랜드의 일부가 될 수 있는 존재다. 정서적 연결과 직접 참여할 수 있는 단골을 넘어, 브랜드 지지자로 성장할 수 있는 여정을 제안해 보자.

브랜드를 만들기엔 너무
작은 사업자인거 같아요. 그래도 필요할까요?

Q. 규모가 작은데 굳이 브랜드가 필요할까요?

A. 필요합니다.

규모가 작다고 해서 브랜드가 필요 없는 건 아니에요. 오히려 작기 때문에 더 필요할 수도 있어요. 브랜드는 단순히 '이름'이나 '로고'가 아니라 왜 이 사업이 존재하는지, 누구에게 어떤 가치를 주려는지를 담은 이야기이자 약속입니다.

작은 사업자일수록 브랜드가 중요한 이유는 분명해요. 브랜드는 고객에게 '믿을 만하다'라는 신뢰를 쌓아주고, 수많은 선택지 속에서 다시 찾게 만드는 기준이 돼요. 좋은 제품이라도 브랜드가 없으면 금세 묻히지만, 브랜드는 익숙함과 기억을 남겨 선택을 쉽게 해줘요. 또 자본이 부족한 사업자에겐 차별화가 절대적이죠. 브랜드는 '나는 무엇이 다르다'를 말해주는 가장 강력한 무기가 되어 줍니다.

Chapter 6

운영은 어떻게

하나요?

창업은 시작보다 지속이 더 어렵습니다.

처음의 열정이 사라진 후에도 오래 가려면 무엇이 필요할까요?

이 장에서는 창업자가 지켜야 할 균형과 지속 가능성의 조건을 이야기합니다.

당신의 창업이 일회성이 아니라 지속 가능한 여정이 되도록 점검해 보세요.

01
아이디어가 아닌
구조가 팔린다.

　창업은 제품 또는 서비스를 생산하고 소비자에게 판매하는 전 과정을 시스템화하는 일이다. 여기서 우리는 해당 제품과 서비스를 아이템이라고 한다. 그렇다면 좋은 아이템은 어디에서 나오는 것일까? 아이디어가 그 시작이다. 누군가의 불편함을 개선하거나, 필요한 제품 또는 서비스를 떠올리는 순간, 아이디어가 탄생한다. 그 아이디어가 판매하거나 제공할 수 있는 형태로 다듬어지고 구조화되면 비로소 하나의 '아이템'이 되는 것이다.

　그렇다면 누구나가 바라는 성공 창업은 어떻게 가능한 것일까? 이에 대한 답은 아주 간단하다. 창업 아이템이 잘 팔리면 성공할 가능성이 매우 높아진다. 그래서 창업은 무엇을 하느냐도 중요하지만 어떻게 하느냐가 더 중요하다.

이제부터 아이템의 시작점인 아이디어보다 더 중요한 구조에 대해 제대로 알아보도록 하자. 핵심은 아이디어가 중요하지 않다는 것이 아니라, 좋은 아이디어를 기반으로 제대로 된 구조를 만들어 가는 것이 중요하며 그 결과가 좋은 아이템과 창업 성과로 나타나야 한다는 것이다. 시장에는 이미 유사한 제품과 서비스가 넘쳐나고 있기 때문에 중요한 것은 차별화된 실행 구조 즉, '어떻게 기존과 다른 방식으로 문제를 해결할 것인가' 하는 점이다.

구조란 무엇일까?

구조는 제품 또는 서비스를 고객에게 전달하는 방식과 비즈니스 모델 전체를 포함하는 개념이다. 예를 들어 같은 커피를 팔더라도 배달 방식, 구독 서비스, 공간 설계 등의 방식이 곧 구조가 된다. 즉, 스타트업의 경쟁력은 초기 구조 설계 능력에 달려 있다고 볼 수 있다.

구조가 아이디어보다 중요한 이유는 무엇일까? 구조는 반복 가능하고 확장할 수 있으므로 투자자와 파트너가 신뢰할 수 있으며, 조직의 핵심 전략이자 운영 원칙이 된다. 또한 아이디어는 바뀔 수 있지만 잘 짜인 구조는 지속적 성장의 기반이 된다.

추가로 구조의 힘을 확인할 수 있는 성공 사례를 확인해 보도록 하자. 먼저, 쿠팡은 이커머스 아이디어 자체는 새롭지 않았지만, '로켓배송'이라는 구조로 시장을 장악했다. 그래서 '쿠팡' 하면 자연스럽게 '로켓배송'이 떠오르게 되었다.

다음으로 토스다. 기존에 금융 앱은 금융 기관 숫자 이상으로 많이 있었지만, 사용자 입장에서의 편의성은 매우 낮은 편이었다. 토스는 UX 중심 구조 설계를 통해 사용자 경험을 새롭게 재정의하여 사용자 만족도를 높임은 물론 시장에서의 입지를 견고히 할 수 있었다.

마지막으로 아래의 질문에 스스로 답을 직접 해보고 아이디어보다 중요한 구조를 완성해 보도록 하자.

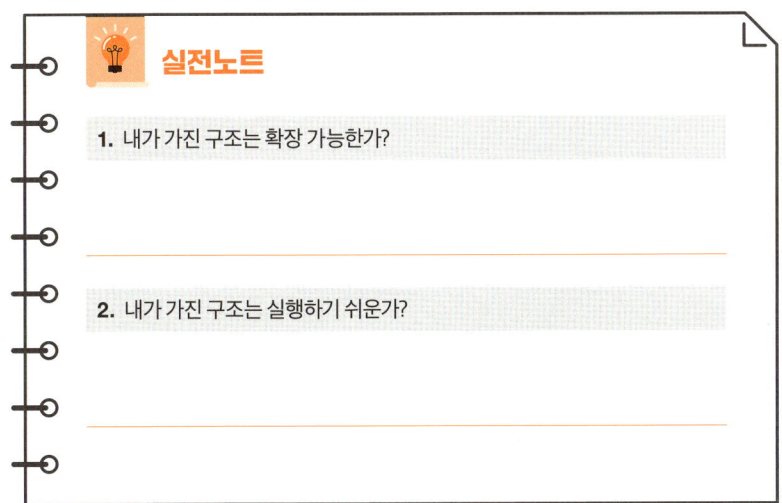

실전노트

1. 내가 가진 구조는 확장 가능한가?

_____

2. 내가 가진 구조는 실행하기 쉬운가?

_____

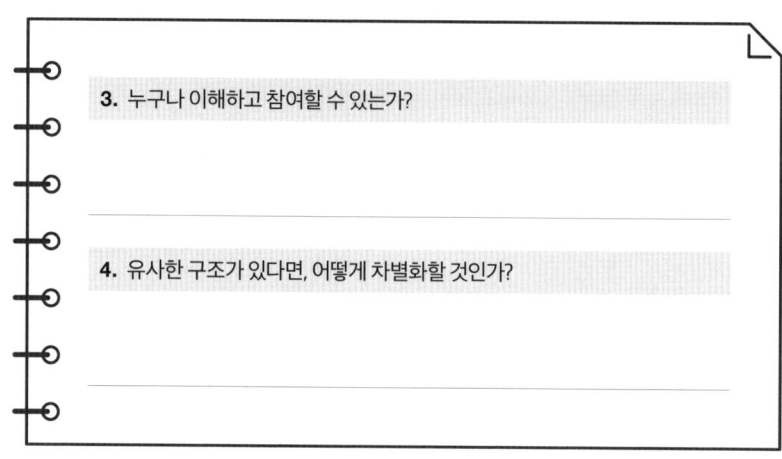

3. 누구나 이해하고 참여할 수 있는가?

4. 유사한 구조가 있다면, 어떻게 차별화할 것인가?

　위 질문에 대한 답을 작성했다면, 그 내용을 내 창업 아이템과 비즈니스 모델에 반드시 적용하고 반영하도록 하자.

02
나의 비즈니스 모델 정리 :
수익과 비용

우리는 일상에서 'OO 모델'이라는 말을 종종 사용한다. 창업에서도 마찬가지로 다양한 모델이 존재한다. 사업계획서를 작성하거나 비즈니스 관련 이야기를 할 때, 반드시 등장하는 것이 바로 비즈니스 모델**Business Model**이다.

비즈니스 모델을 제품이나 서비스를 통해 가치를 창출하고 전달하며, 그 과정에서 수익을 창출하는 구조를 말한다. 여기서 많이 사용하는 도구가 BMC**Business Model Canvas**이며, 다음의 9가지 요소로 구성된다.

구분 요소	간단한 설명
고객 세그먼트	• 제품이나 서비스를 사용할 핵심 고객군 • 타겟 고객의 유형, 특성, 니즈 분석
가치 제안	• 고객에게 제공하는 고유한 가치나 문제 해결 • 경쟁사와 차별화된 포인트
채널	• 제품 또는 서비스를 고객에게 전달하는 경로 • 온라인, 오프라인, 유통망 등
고객 관계	• 고객과의 관계 유지 방식 (예 개인화 서비스, 고객지원, 커뮤니티 운영 등)
수익 흐름	• 돈을 버는 방식 (예 제품 판매, 구독료, 광고 수익, 수수료 등)
핵심 자원	• 사업을 운영하는 데 필요한 자산 (예 인력, 기술, 브랜드, 재무 자원 등)
핵심 활동	• 가치를 제공하기 위한 주요 활동 • 개발, 마케팅, 운영 등의 비즈니스 핵심 업무
핵심 파트너	• 외부와의 협력 • 공급업체, 제휴사, 투자자 등 사업에 필요한 관계
비용 구조	• 운영에 드는 주요 비용 항목 • 고정비와 변동비 분석을 통해 효율화 가능

비즈니스 모델을 구성하는 요소와 내용이 다소 복잡해 보일 수 있으나, 아주 쉽게 수익과 비용으로 구분해 이해할 수 있다.

수익 Revenue

사업을 하면서 바라는 가장 이상적인 결과는 수익을 최대한 많이 창출하는 것이다. 수익을 제대로 창출하기 위해서는 앞서 언급한 비즈니스 모델에 대한 이해를 토대로 '어디에서 돈이 들어오는지'를 명확히 파악해야 한다.

수익은 상품이나 서비스 판매를 통해 발생하는 금전적 이익과 기타 영업 외 수익 등으로 구성된다. 회계기준 기간 내, 판매량이 높아지고 비용이 줄어들수록 순수익은 자연스럽게 증가한다.

비용 Cost

비용은 수익을 얻기 위해 지불하는 자원, 즉, 돈이나 자산의 소비를 말한다. 비용에는 매출원가, 판매비와 관리비, 감가상각비, 이자 비용과 세금 등이 포함된다. 예를 들어 나창업 씨가 빵집을 오픈했다고 가정해 보자. 예상 수익과 지출 항목은 아래와 같다. (물론 설명을 위한 예시다.)

구분	내용	금액(원)	합계(원)
수익	• 빵 판매 (소금빵, 샌드위치 등)	25,820,000	34,745,000
	• 커피 판매 (아메리카노, 라떼 등)	8,880,000	
기타 수익	• 은행 이자 발생	45,000	

구분	내용	금액(원)	합계(원)
비용	• 임대료	2,200,000	25,145,000
	• 인건비 (아르바이트 2명)	4,600,000	
	• 관리비	880,000	
	• 원재료 (밀가루, 찹쌀가루 등)	16,400,000	

비용	• 광고비 (온라인, 전단지 등)	800,000	25,145,000
	• 감가상각비 (오픈 등)	165,000	
기타 수익	• 협회 회비	100,000	

위 내용을 바탕으로 하면, 나창업 씨의 월간 수익과 비용은 다음과 같이 정리된다.

> 수익 34,745,000원 - 비용 25,145,000원 = **순수익 9,600,000원**

수익과 비용은 모두 기업의 재무제표에 기록되며, 수익에서 비용을 차감한 금액이 곧 순수익Net Income이 된다. 결론적으로 창업자는 수익을 높이고 비용을 낮추는 구조를 설계해야만 순수익을 극대화할 수 있다.

03
매출, 고정비, 변동비를 계산하는 법

회계는 기업이나 개인의 경제 활동을 체계적으로 기록, 분류, 요약하는 과정이다. 이를 통해 우리는 재무 상태를 파악하고, 유의미한 의사결정을 할 수 있으며, 경영 성과를 분석할 수 있다. 쉽게 말해, 회계는 기업의 건강검진 결과표와 같다. 그중에서도 매출, 고정비, 변동비에 대한 이해와 계산 방법을 정확히 알아야만 좋은 성과를 낼 수 있다.

매출이란?

매출은 상품이나 서비스를 판매하여 고객 또는 사용자로부터 받는 총금액을 말한다.

$$\text{매출} = \text{판매 단가} \times \text{판매 수량}$$

예를 들어, 한 잔에 4,000원인 아메리카노를 하루 동안 100잔 판매했다면 일 매출은 400,000원이 된다. 한 달에 3,200잔을 판매했다면 월 매출은 1,280,000,000원이 된다.

* 매출은 항목별로 단가와 판매량이 다르기 때문에 반드시 구분하여 정리해야 한다.

고정비란?

고정비는 판매량과 관계없이 매월 혹은 매년 꾸준히 발생하는 비용을 말한다. 임대료, 급여, 보험료, 감가상각비, 관리비 등이 있다. 판매량이 증가 또는 감소하더라도 금액이 변하지 않는 특징을 갖고 있으므로, 초기 고정비 설정이 사업의 안정성에 큰 영향을 준다.

변동비란?

변동비는 고정비와 달리 판매량에 따라 함께 변동하는 비용을 말한다. 원재료비, 포장비, 배송비, 생산 인건비 등이 여기에 속한다.

$$\text{순수익Profit} = \text{매출} - \text{비용(고정비+변동비)}$$

사업 상담 중 자주 듣는 말이 있다.

"저희 매장이 매출은 잘 나오는데 실제로 손에 쥐는 돈이 너무 적어요."

"저희 가게는 매출은 그럭저럭 나오는데 비용이 너무 많이 나가요."

두 사례의 공통점은 매출에 대해서는 비교적 만족하지만, 비용 관리에 대한 아쉬움이 있다는 점이다. 비용을 줄일 방법은 임대료 협의 또는 협상 (예: 연납 또는 반년 납으로 납부할 수 있을 경우 임대료 할인 적용), 직원 탄력 근무 적용, 원재료를 좀 더 싸거나 합리적으로 구매할 수 있는 경로 찾기, 생산 및 제조 공정 개선 등의 방법이 있을 수 있다.

지금까지 설명한 매출, 고정비, 변동비는 회계에서도 중요하게 다뤄지는 부분이자 실제 사업을 함에 있어 순수익을 결정짓는 핵심이라 할 수 있다. 월 또는 기타 점검이 가능한 기간을 정해 아래의 순수익 표를 플러스 값으로 만들어 보자.

💡 실전노트

매출(A)	고정비(B)
변동비(C)	순수익(A-B-C)

04
고객이 지갑을 여는
가격 심리와 패키징 전략

수입의 주체가 아니었던 학창 시절을 떠올려 보면, 소비자의 입장으로 이런저런 필요에 의해 가능한 범위 내에서 소비만을 해왔던 것 같다. 그런데 막상 내가 회사를 설립하거나 매장을 운영하는 입장이 되면 상황이 반대가 된다. 이제는 "어떻게 하면 더 많은 고객이 우리 제품과 서비스를 선택하게 만들 수 있을까?"가 가장 중요한 생존 요소가 된다.

고객은 언제, 어떤 이유로 지갑을 열게 되는 것일까?

고객이 소비하는 형태와 목적을 살펴보면 공통적으로 자신이 필요로 하는 제품needs과 원하는 제품wants을 구매한다. 그렇기 때문에 고객이 필요로 하고 원하는 제품과 서비스를 제공할 수 있어야 한다. 이 기본

조건이 충족되었다면, 다음 단계로 가격 심리와 패키징 전략을 활용해야
한다.

1. 가격 심리를 이해하라.

고객은 가격을 단순한 숫자가 아니라 느낌과 비교로 인식한다. 아래는
대표적인 가격 심리를 활용한 전략이다.

전략 구분	내용
왼쪽 숫자 효과	9,900원은 10,000원보다 더 싸게 느껴짐 (왼쪽 숫자에 집중함)
미끼 효과	매력이 떨어지는 옵션을 제시해 주력 상품을 더 돋보이게 함
앵커링 효과	처음 제시된 높은 가격이 기준이 되어 이후 가격이 저렴하게 느껴짐
번들링	여러 제품을 묶어 할인된 가격으로 제시하여 구매를 유도함
손실 회피	"한정 세일", "마지막 기회" 등과 같은 문구로 구매를 유도하는 전략
프리미엄 가격	고급스러움과 희소성을 부각해 높은 가격과 특별한 욕구를 자극함

화장품 브랜드에서 프리미엄 수분 크림 제품 1개와 기초 마스크팩 2개
를 구성해 판매한다면 번들링과 미끼 효과를 동시에 활용한 전략이라 할
수 있다. 또한 온라인 쇼핑몰에서 특정일 즉, 오늘만 전 제품 30%를 할인
하고 무료 배송을 실시한다고 한다면 이는 손실 회피를 자극한 좋은 예라
할 수 있다. 핵심은 고객에게 유리해 보이는 구성을 설계하는 것이 아니라,
고객이 "이건 놓치면 손해야"라고 느끼도록 심리를 설계하는 것이다.

2. 패키징은 '포장'이 아니라 '경험'이다

패키징은 단순히 제품을 감싸는 포장이 아니라 브랜드 경험의 시작점이다. 고객은 제품을 보기 전, 패키지를 보고 브랜드에 대한 첫인상을 갖는다. 그래서 많은 브랜드가 자신들만의 패키징을 하려고 노력한다. 아래는 대표적인 패키징 전략이다.

전략 구분	내용
브랜드 스토리	포장에 브랜드 가치 또는 창립자 이야기 등을 담아 감성 연결을 유도
단순함	깔끔하고 신뢰감을 줄 수 있는 정돈된 디자인과 패키지
언박싱 경험 강화	언박싱 순간의 기대감과 즐거움 극대화 (SNS 공유 유도 등)
색채 활용	제품 또는 기업 가치에 부합하는 색상을 활용한 감정 자극
지속 가능성 강조	친환경 포장재 상용 등을 통한 MZ세대 등의 가치 소비 어필
맞춤형 구성	고객의 니즈에 맞춘 세트 구성으로 만족도와 재구매율 상승 유도

의류를 제조하여 판매하는 회사에서 친환경 소재로 만든 양말을 판매할 때, 재활용 종이를 사용하여 포장했다면 지속 가능성을 강조한 패키징 전략이라 할 수 있다. 또한 가전제품 브랜드에서 가습기와 소모품인 필터를 세트로 구성해 판매한다면, 이는 맞춤형 구성을 실천한 적절한 예라 할 수 있다.

정리하면, 고객은 '가격이 아니라 느낌'으로 구매를 결정하고, 패키징은 '포장'이 아니라 고객 경험 설계 도구이며, 판매자의 기준이 아닌 고객의 기준에서 가격과 패키지를 설계하는 것이다. 이 관점을 기준으로, 이제 우리의 제품과 서비스에 맞는 가격·패키징 전략을 하나씩 적용해 보자.

05
고객 유형별 운영 전략 :
B2C, B2B, B2G

중국 고대 병법서인 손자병법(孫子兵法) 모공편(謀攻篇)에는 유명한 문구가 있다. 바로 지피지기 백전불태(知彼知己 百戰不殆)이다. "적을 알고 나를 알면 백 번 싸워도 위태롭지 않다."라는 뜻으로, 창업 역시 이 말과 무관하지 않다. 창업은 어떻게 보면 생존을 위한 시장 경쟁에 뛰어드는 일이고, 고객은 적은 아니지만, 그들을 제대로 이해해야 성공할 수 있다는 점에서 이 문구가 마케팅과 영업 현장에서 자주 인용된다.

그렇다면 우리의 고객은 누구이며, 그들은 어떤 유형과 특성이 있을까?

고객은 좁은 의미로는 제품이나 서비스를 구매하는 사람, 넓게는 공급자, 유통업체, 내부 인력까지 포함해 기업의 가치 흐름에 참여하는 모든 주체를 말한다. 즉, 고객은 단순한 구매자 역할을 넘어 기업의 성장과 가치를 함께 만들어 가는 파트너라고 볼 수 있다.

현재 빵집을 운영하고 있다면 분명 우리의 주 고객은 우리 빵집에 들러 빵을 사는 손님 또는 주문하는 손님이 될 것이다. 어떤 회사에서 조식을 제공하기 위해 샌드위치 납품을 정기적으로 의뢰했다면 그 회사 역시 우리의 고객이 된다. 추가로 지자체에서 자체 행사를 진행하면서 참석자들에게 빵과 음료를 제공해달라는 의뢰를 받았다면 해당 지자체 역시 우리의 고객이 된다. 이처럼 위에서 언급한 개인, 회사, 그리고 지자체 모두우리의 고객이 될 수 있으며, 이러한 대상을 차례로, B2C, B2B, B2G로 구분한다.

B2C 운영 전략 빠른 결정, 감성 자극

B2C는 Business to Consumer의 약자로 개인 소비자를 대상으로 하는 비즈니스 모델이면서 감성과 경험 중심의 전략을 실천해야 한다.

B2C 전략 요소	내용
감성 마케팅	브랜드 스토리, 감성 콘텐츠 강화로 소비자의 마음을 움직임
디지털 채널 활용	SNS, 유튜브, 블로그 등에서 고객과 소통하고 브랜드 인지도를 강화
고객 경험 최적화	UI/UX 개선, 빠른 배송과 쉬운 결제 등으로 고객 만족도 향상

프로모션 실시	각종 할인, 쿠폰 발행, 시즌 이벤트 등으로 적극적인 구매 유도
리뷰 및 추천	긍정적인 리뷰와 사용 후기 유도, 불만 고객에 대한 적극적인 대응

B2C는 감정과 속도 중심이다. 고객은 빠르게 판단하고 즉시 반응하므로 감성 자극과 편의성 제공이 핵심이다.

B2B 운영 전략 ─ 신뢰, 전문성, 장기 관계

B2B는 Business to Business의 약자로 기업 간 거래를 중심으로 하는 모델로 신뢰와 전문성, 장기적 관계가 핵심이다.

B2B 전략 요소	내용
맞춤 솔루션 제공	대상 기업의 니즈에 맞는 제품 또는 서비스 제안과 제공
관계 중심 영업	중장기 파트너십 구축과 정기적인 커뮤니케이션 채널 운영
콘텐츠 마케팅	세미나, 기술자료, 백서 등 전문 콘텐츠를 활용한 마케팅과 신뢰 확보
CRM 활용	고객 정보 관리 및 영업 자동화를 통한 효율성 증대
데이터 기반 전략	고객 행동을 분석하고 예측하여 영업이 가능한 기회를 포착

B2B는 B2C와 달리 감성적인 요소보다는 구매 결정 구조가 복잡한 특성이 있으므로, 전문성 확보와 신뢰 구축이 필수라 할 수 있다. 제안서, 계약 구조, 운영 안정성이 핵심 요소다.

B2G 운영 전략 ─ 공공성, 절차 대응, 실적 기반

마지막으로 B2G는 Business to Government의 약자로 정부 및 공공기관 등을 대상으로 하는 모델로 공공성과 절차 중심의 전략이 필요하다.

B2G 전략 요소	내용
입찰/공모 대응	관련 입찰 및 공모 확인과 모니터링 실시를 통한 제안서 작성
규정 준수	기관에서 요구하는 법적 요건, 인증 사항 등에 대한 준비와 준수
신뢰성 강화	기존 실적, 기술력, 재무 건전성 등에 대한 안정성과 신뢰성 강조
관계 구축	공공기관 담당자와의 네트워킹, 세미나 참여 등
지속 가능성 제안	친환경, 사회적 가치 등을 중심으로 한 실질적인 솔루션 제안

B2G는 입찰 절차가 복잡하고 장기 계약이 많을 수 있으므로 철저한 준비와 공공성 이해가 중요하다고 할 수 있다.

지금까지 알아본 고객 유형별 운영 전략을 요약하면 다음과 같다.

구분	B2C	B2B	B2G
대상	개인 소비자	기업 고객	정부 및 공공기관
구매 결정	빠르고 감성적	복잡하고 논리적	절차 중심, 입찰 기반
전략	감성 마케팅, UI/UX 강화, 프로모션 실시	맞춤형 솔루션, 신뢰 구축	입찰/공모 대응, 규정 준수, 공공성 강조
계약 기간	단기	중장기	장기

사업의 방향을 명확히 하기 위해서는, 지금 내가 상대하고 있는 고객이 B2C, B2B, B2G 중 어디에 속하는지부터 파악하는 것이 중요하다. 고객 유형에 따라 전략의 언어, 접근 방식, 관계 유지 방식이 완전히 달라지기 때문이다.

혼자서도 가능한
운영 시스템 만들기

창업에 대한 사전적 의미를 살펴보면 사업을 처음으로 시작하는 행위라고 되어 있다. 실제 창업의 형태는 업종과 업태, 그리고 아이템에 따라 회사 경영, 장사 시작, 매장 운영, 가게 오픈 등 다양한 형태로 나타난다. 어느 방식이든 창업의 목적은 결국 수익 창출이다.

운영 방식과 실행력이 실제 매출과 수익 구조에 큰 영향을 주기 때문에, 운영이 어려워질 때 많은 창업자가 전문가에게 도움을 요청하게 된다. 그렇다면 혼자서도 가능한 운영 시스템을 만들려면 무엇을 기준으로 생각해야 할까? 핵심은 반복 가능한 시스템화, 그리고 자동화와 루틴화다. 아래 항목을 기준으로 하나씩 점검하고 실천해 보자.

1. 시스템 설계 전 체크 리스트

항목	점검 필요 내용 (질문)
시장 검증 여부	제품 및 서비스에 대한 실수요가 충분한가? 경쟁은 어떠한가?
자원 적합성	시간, 기술, 공간, 자본과 맞는 구조인가?
반복 가능성	매일 새롭게 하지 않고 규칙적으로 돌아가는 구조인가?
감당 가능 여부	고객 응대, 생산, 마케팅, 회계 등 혼자서 업무가 가능한가?
주변 도움 연계	문제 발생 시 주변으로부터 도움을 받을 수 있는가?

2. 운영 시스템 핵심 요소 확인과 개선

구성요소	내용
생산 루틴	제품 또는 서비스 제공을 위한 일정과 작업 흐름에 대한 설정
고객 응대	문의, 주문, 피드백 등을 처리하는 자동화 및 응대 구조 만들기
마케팅 자동화	마케팅 채널의 특성을 파악한 예약 및 반복 콘텐츠 배포 활성화
재고/수익 관리	각종 관리 툴을 활용한 재고, 매출, 비용에 대한 관리
결제/주문 시스템	시간과 공간에 제약받지 않는 결제 및 주문 시스템 구축

3. 루틴 기반 운영 전략

　루틴 기반 운영이란, 요일과 시간에 따라 업무를 고정 패턴으로 배치하는 것이다. 예를 들어 월요일, 수요일, 금요일에서는 제품 생산과 포장, 화요일과 목요일에는 마케팅 콘텐츠 제작 및 배포를 한다. 매일 오후 4~5시에는 고객 응대 및 C/S를 실시한다면 루틴 기반 운영이 가능해진다.

4. 자동화 도구 활용법

주문 접수, 고객 응대, 콘텐츠 제작, 재고, 결제 등을 자동화하는 방법이다.

- 네이버나 구글 폼을 활용한 주문
- 카카오톡 채널을 통한 자동 고객 응대
- 템플릿 메시지 전송을 통한 답변
- 마케팅 툴을 활용한 콘텐츠 예약 발송
- 엑셀과 Notion 등을 활용한 재고 관리
- PG사 연동과 카드 결제 링크 등을 통한 결제 시스템

5. 포장 및 배송 시스템 간소화

수요를 예측하여 사전 포장 라인을 세팅하고, 제품 포장에 필요한 절차를 최대한 간소화하여 실시한다. 동시에 배송의 경우 택배사 연동 프로그램을 사용하면 좀 더 수월하게 작업할 수 있다. 반복 작업의 경우 동선 최적화를 통해 시간을 절약하고 업무 효율성을 높인다.

사업을 하다 보면 예상치 못한 변수가 반드시 발생한다. 혼자서도 가능한 운영 시스템을 제대로 만들기 위해서는 이러한 변수와 예상할 수 있는 어려움에 대한 부분을 충분히 고려할 수 있어야 한다.

07
1인 기업의 확장 전략 :
외주 vs 협업 vs 고정 인력

지구상에 존재하는 모든 것은 일정한 성장을 이루며 발전하고 때로는 소멸한다. 창업하면서 망한다 또는 망해도 좋다는 식의 생각을 하는 사람은 극히 드물다. 대부분 작게 시작하더라도 일정 규모로 성장하는 발전과 성공을 꿈꾸며 지금 이 시간에도 누군가는 열심히 도전과 실천을 하고 있다.

1인 기업이란 한 사람이 운영하는 기업이다. 일반적으로 개인사업자 형태로 시작하는 경우가 많으며, 프리랜서, 1인 쇼핑몰 운영자, 유튜버, 디자이너 등 다양한 형태가 있다. 여기에 '1인 창조기업'이라는 개념도 있다. 이는 「1인 창조기업 육성에 관한 법률」에 따라 창의성과 전문성을 갖춘 1인 또는 5인 미만의 공동 사업자로 상시근로자 없이 운영하는 기업을 의미하며, 정부의 지원 대상이 되기도 한다.

1인 기업은 일반 기업과 비교했을 때 인적·물적 자원이 제한적인 것이 사실이다. 그렇기 때문에 외주, 협업, 고정 인력과 같은 인력 운영 전략을 어떤 기준으로 선택하고 활용할 것인지가 확장 전략의 핵심이 된다. 아래에서 세 가지 방식을 각각 살펴보자.

외주 Outsourcing

외주는 특정 업무를 외부 전문가나 업체에 위탁하는 방식이다. 프로젝트 단위 계약, 반복 업무 위탁, 전문 영역 외부 투입 등의 방식으로 활용된다. 외주의 장점으로는 고정 인력 대비 저렴할 수 있으며, 빠른 실행력, 부족한 내부 역량의 대안이 될 수 있다. 단점으로는 내부 통제력 약화, 커뮤니케이션 오류 가능성, 그리고 장기적 노하우 축적의 어려움이 있다.

협업 Collaboration

협업은 내부 또는 외부 파트너와 공동 목표를 향해 함께 작업하는 방식이다. 팀 단위 프로젝트, 파트너십 기반 자원 공유, 공동 기획 등 다양한 형태로 확장된다. 시너지 효과 창출, 다양한 아이디어와 관점 수용, 관계 기반의 장기적 성장 가능성을 확인할 수 있는 장점이 있는 반면 단점으로는 의사결정 지연 가능성, 역할과 책임 불명확 시 갈등 발생, 그리고 커뮤니케이션 비용이 증가하는 부분이 있다.

고정 인력 Fixed Workforce

고정 인력은 정규직 또는 지속 근무 인력을 뜻한다. 핵심 업무를 담당하거나 기업 비전과 함께 성장해야 할 분야에 투입된다. 고정 인력의 장점은 안정적인 업무 수행, 조직 내 지식과 노하우 축적, 책임감과 충성도가 높다는 점이다. 하지만 단점으로는 급여, 복지, 퇴직금 등의 인건비 부담, 유연성 부족, 그리고 인력 과잉 시 구조조정에 어려움이 있다는 점이다.

일반 기업과 비교하여 상대적으로 열악한 인적, 물적 구조를 갖춘 1인 기업이 단계별 발전을 하다 보면 확장 전략으로 인력 운영에 대한 효과적인 결정을 반드시 해야 한다. 아래의 요약 내용을 통해 이러한 전략을 제대로 수립하고 실천할 수 있도록 하자.

구분	외주	협업	고정 인력
목적	비용 절감, 전문성 확보	시너지 창출, 공동 목표 달성	안정적 운영, 핵심 역량 유지
유연성	높음	중간	낮음
비용 구조	변동비	협의에 따라 다름	고정비
통제력	낮음	중간	높음
장기적 효과	제한적	관계 기반 성장 가능	조직 내 자산화 가능

1인 기업이라도 성장 단계에 따라 외주 - 협업 - 고정 인력의 구조를 전략적으로 선택해야 한다. 규모보다 구조, 인원보다 시스템이라는 관점을 잊지 말자.

혼자서 사업 운영, 정말 가능할까요?
너무 복잡해 보여요.

Q. 혼자서 모든 걸 감당할 수 있을까요? 운영이 너무 복잡해 보입니다.

A. 가능합니다.

핵심은 내가 다 하는 것이 아니라 시스템이 돌게 하는 것입니다. 시스템은 세 가지로 이루어집니다. 자동화는 툴로 반복 업무를 줄이고, 아웃소싱은 내가 안 해도 되는 일을 외부에 맡깁니다. 마지막으로 루틴은 시간과 우선순위를 일정으로 고정합니다.

예를 들면 세무•사업자 등록은 홈택스로 월간/분기 루틴을 만들고, 고객 응대는 자동응답이나 템플릿 메시지로 표준화합니다. 디자인•영상 편집처럼 전문성이 필요한 작업은 프리랜서에게 맡겨요. 무엇보다 수익 구조를 시스템화하는 것이 핵심입니다. 디지털 제품 판매, 구독형 콘텐츠, 제휴 마케팅처럼 한 번 세팅하면 반복 수익이 발생하는 구조를 만들면 혼자서도 안정적으로 운영할 수 있습니다.

결국 혼자 운영의 핵심은 '모든 걸 내가 한다'가 아니라 '지속 가능한 구조를 만든다'는 데 있습니다. 그렇게 하나씩 쌓아가다 보면, 혼자서도 충분히 안정적인 사업을 운영할 수 있어요.

Chapter 7

실패 없는

창업은 없다.

대신 준비는

가능하다.

창업에서 가장 큰 두려움은 '실패'입니다.

실제로 많은 창업자들이 3년 안에 문을 닫지만, 실패는 끝이 아니라 과정입니다.

이 장에서는 실패를 줄이는 준비와 피벗, 자금 전략, 회복의 방법을 다룹니다.

두려움 대신 준비로, 넘어져도 다시 일어설 힘을 함께 만들어 봅시다.

01
왜 대부분의 창업은
3년 안에 망할까?

처음 창업을 준비할 때, 이런 숫자를 보았다.

'창업 후 1년 생존율 64.8%, 3년 생존율 44.3%'

절반이 3년을 버티지 못한다는 사실은 '아이템만 좋으면 된다', '열심히 하면 성공한다'고 믿던 내 생각을 단숨에 깨뜨렸다. 이후 준비 과정에서 만난 수많은 사람들, 몇 년 만에 자취를 감춘 가게들, 좋은 아이디어로 시작했지만 사라진 플랫폼들을 보며 이 숫자가 결코 과장이 아니라는 걸 알게되었다.

한 멘토는 말했다. 창업 3년 차 이전에는 누구나 지옥의 골짜기Valley of Death를 만난다고. 대개 창업 후 1~3년 사이, 제품이나 서비스가 시장에 자리 잡기 전에 찾아오는 위기 구간이다. 초기 창업자는 에너지를 쏟아붓지만, 시간이 흐르며 자본, 체력, 관계가 소진되고 냉정해진다. 매출은 기대만큼 오르지 않고, 함께 하던 팀원은 떠나거나 역할 갈등을 겪는다. 생활은 불안정해지고, 외로움과 회의감은 커진다. 많은 창업자가 폐업을 결심하는 지점이 바로 이 골짜기다.

왜 3년 안에 그렇게 많은 창업자가 문을 닫을까?

1. 시장과의 간극

창업자는 아이템이 참신하고 의미 있다고 생각하지만 막상 시장의 반응은 차갑다. 고객은 기존 제품과 서비스를 계속 이용하고, 우리가 수없이 고민한 서비스와 가격, 브랜드 가치는 고객에게 닿지 않는다. "좋은데 왜 안 팔리지?"라는 질문 앞에서 많은 창업자가 좌절한다.

2. 현실적인 생활과의 충돌

사업 초기에는 대표자가 시간과 에너지를 오롯이 쏟아부어야 한다. 수익은 없는데 고객 반응을 확인하고 시행착오를 겪는 시간이 길어질수록 생계는 불안해진다. 지원사업에 선정되어도 생활비가 해결되는 것이 아니라, 더 많은 일과 책임이 쏟아져 결국 버티지 못하는 경우도 많다.

3. 사람과의 갈등

뜻이 맞아 시작했지만, 공동 창업자가 갈등 끝에 떠나기도 하고, 가족의 반대나 주변의 냉소 속에서 외로움이 커진다. 결국 '버틴다'라는 단순한 인내가 아니다. 여기서 '버틴다'라는 단순히 참는 것을 의미하지 않는다. 시장 변화에 맞춰 아이템을 수정하고, 고객 피드백을 반영하며, 사업의 필요성을 끊임없이 점검하는 과정이 동반돼야 한다.

4. 시스템의 부재

장사는 내가 움직이면 당장 수익이 나지만, 창업은 대표가 없어도 돌아가는 구조가 필요하다. 이 시스템이 없다면 대표가 아프거나 자리를 비운 순간, 매출도 함께 멈춘다. 결국 준비되지 않은 반복 속에서 제자리걸음을 하다가 지쳐 쓰러지게 되는 것이다.

멘토의 말처럼 그 골짜기를 통과해야 비로소 사업이 시작된다. 많은 사람이 그 지점에서 멈추지만 끝까지 통과한 사람만 성장을 경험한다. 창업은 결국 그 구간을 얼마나 준비하고, 어떻게 버텨내느냐의 문제다. 지금 창업을 준비하고 있다면, 이 구간이 반드시 온다는 사실, 그것을 넘어야만 사업이 뿌리내린다는 사실을 기억하자.

시행착오와 좌절은 피할 수 없다. 다만 그것을 어떻게 해석하고 무엇으로 대비하느냐에 따라 결과는 달라진다. 실패의 패턴을 알고, 위기 때마다 점검할 항목을 정해두면 같은 자리에서 반복해 넘어지지 않는다. 더 나아가 자신의 약점을 인식하고, 시행착오를 개선의 기회로 삼는다면 그 순간들은 결국 단단한 성장을 위한 밑거름이 된다. "당신의 창업이 3년 안에 사라지지 않기 위해, 오늘 할 수 있는 작은 준비는 무엇일까?" 이 질문을 던지는 순간부터 실패하지 않는 창업이 아니라 실패를 딛고 성장하는 창업이 시작된다.

02
현실적인 자금 마련과
초기 비용 전략

"돈은 어떻게 하지?"

창업을 준비할 때 가장 무겁게 다가오는 질문은 늘 같다. 아이템이 아무리 좋아도 자금이 바닥나면 끝이다. 실제로 자금 부족은 창업 실패 이유 1위에 해당한다는 통계도 있다. 그래서 창업자들은 늘 두려움과 함께 출발한다. 하지만 방법이 전혀 없는 건 아니다. 현실적으로 창업 자금을 마련할 수 있는 다섯 가지 길이 있다.

1. 내 자산부터 점검하기

창업자, 즉, 나의 개인 자산을 먼저 점검해 보자. 예금 및 적금, 보험 해지 환급금이 얼마인지, 불필요한 지출을 줄여 반대로 창업 자금이 얼마나 가능한지를 확인하고 조정을 해보자. 여기서 예금 및 적금을 해약하고 보험을 해지하라는 말이 아니라 약관 대출 등을 포함해 활용할 수 있는 범위가 얼마인지를 말하는 것이다. 개인 자산을 점검할 때는 생활비와 창업비를 반드시 구분해야 한다. 최소 6개월 정도의 생존 비용은 따로 확보해 두는 것이 좋다.

2. 정부·지자체 지원 활용하기

창업자라면 반드시 찾아야 하는 길이다. 창업 지원금, 바우처, 청년창업자금 등 생각보다 다양하다. 물론 경쟁률도 치열하지만, 한 번의 지원이 초기 몇 달을 버틸 힘이 된다. 참고로 해당 지원 프로그램과 제도는 무상 지원금과 대출로 구분되므로 어떤 것에 속하는지 확인하여 지원 및 신청, 그리고 활용할 수 있어야 한다.

3. 지인과 엔젤 투자

누군가는 가족, 친구, 또는 소규모 투자자로부터 투자를 받아 자금을 마련한다. 신뢰를 기반으로 하지만, 그만큼 갈등의 위험도 크다. 그래서 '말'이 아니라 '문서'가 필요하다. 일반적으로 투자는 수익성과 미래 성장 가능성을 보여줄 수 있을 때 진행되므로 해당 사실에 대한 약정서와 각종 투자 조건 등에 대해서는 반드시 명확하게 문서로 작성하도록 한다.

4. 크라우드 펀딩

이 방법은 최근 많은 스타트업들이 이용하고 활용하는 전략 중 하나다. 제품이나 콘셉트가 있다면 와디즈, 텀블벅 같은 플랫폼에서 펀딩을 시도해 볼 수 있다. 초기 자금을 모으는 동시에 시장 반응까지 확인할 수 있다.

5. 사이드 잡 또는 공동 창업

누군가는 본업을 유지하면서 사이드 잡으로 시작하고, 누군가는 공동 창업으로 부담을 나눈다. 단, 공동 창업은 장점만큼 위험도 크다. 공동 창업자 확보를 통해 자금과 역량을 함께 확보할 수 있다는 장점도 있지만 분쟁이 발생할 수 있는 단점도 존재하므로 신중하게 결정하도록 하자.

돈을 마련하는 것만큼 중요한 건 쓰는 방법이다. 초반에는 덜 쓰고 오래 버티는 게 실력이다. 완성형 제품보다 최소 기능만으로 먼저 시장을 확인해야 한다. 사무실은 공유 오피스를 쓰고, 인력은 외주나 단기 계약으로 충당해 고정비를 줄인다. 마케팅은 브랜드 홍보보다 실제 구매 고객에게 집중하는 편이 낫다. 무엇보다 현금 흐름을 놓치지 않아야 한다. 장부를 미루는 순간 발목이 잡힌다.

창업은 결국 돈과의 싸움이다. 그러나 많은 돈이 있어야만 이길 수 있는 싸움은 아니다. 가진 돈을 현명하게 쓰고, 지원을 찾아내고, 비용 구조를 가볍게 만드는 것. 그것이 창업자가 버틸 수 있는 힘이다. 실패 없는 창업은 없다. 하지만 준비된 창업은 있다. 돈 앞에서 주저앉을 필요는 없다. 방법은 언제나 있다.

03

피벗은 언제
어떻게 해야 할까?

창업자에게 피벗은 낯선 단어가 아니다. 방향을 유지하되 전략을 전환하는 것. 무너뜨리고 다시 짓는 일이 아니라, 지금까지 쌓은 경험을 바탕으로 새로운 길을 찾는 과정이다.

처음 세운 아이템이 늘 기대대로 흘러가진 않는다. 고객 반응이 시원치 않거나, 매출이 오르지 않거나, 팀 내 갈등이 깊어지기도 한다. 반대로 고객 피드백이 긍정적이고, 수익이 안정적으로 발생한다면 굳이 바꿀 이유는 없다. 문제는 신호가 분명할 때다. 더 이상 성장하지 못한다는 데이터, 불만이 쌓여가는 고객의 목소리, 투자 대비 낮은 수익성. 이런 순간이 피벗의 신호다.

피벗은 모든 걸 버리는 게 아니다. 문제 해결의 본질은 남기고 방향만 바꾸는 일이다. 예컨대 유아용 식판이 반응이 없을 때, 식판 기능은 유지하되 어르신용으로 타깃을 바꾸는 방식이다. 핵심 아이디어와 브랜드 정체성은 반드시 지켜야 한다.

피벗이 필요한 순간은 단순하다. 고객 반응이 부정적일 때, 매출과 지표가 기준 이하일 때, 투자 대비 수익성이 낮을 때다. 반대로 고객 반응이 긍정적이고 매출이 안정적으로 오르며, 지표가 개선되는 흐름이 보인다면 그대로 밀고 가야 한다.

효과적인 피벗은 여섯 단계를 거친다.

1단계: 현황 진단

현재 전략이 왜 작동하지 않는지 데이터와 피드백으로 진단한다. 고객 반응, 수익성, 시장 규모, 유입 경로를 점검하고 문제 지점을 명확히 한다.

2단계: 학습 정리

성과와 실패에서 배운 것을 정리한다. 어떤 기능이 유효했고, 어떤 타깃에서 반응이 없었는지 구분한다. 그 속에서 피벗의 단서를 찾는다.

3단계: 대안 탐색

새로운 방향을 최소 두세 개 준비한다. 대상 고객 전환, 기능 축소나 강화, 시장 전환 등이 대안이 될 수 있다.

4단계: 핵심 가치 유지

핵심 아이디어와 문제 해결력은 반드시 지킨다. 브랜드 정체성을 버린 피벗은 오히려 혼란을 만든다.

5단계: 테스트 검증

선택한 방향을 소규모로 실험한다. 새로운 타깃에게 제품이나 서비스를 보여주고 반응을 측정한다. 빠른 피드백으로 개선하는 린**Lean** 방식을 적용한다.

6단계: 팀·외부 커뮤니케이션

내부 합의를 먼저 만든다. 이후 기존 고객에게 변경 이유와 앞으로의 방향을 투명하게 알린다. "우리는 이렇게 더 나은 방향으로 갑니다."라는 메시지를 분명히 해야 한다.

실제로 춘천의 감자빵 브랜드 이미소 대표도 이런 과정을 거쳤다. 처음에는 단순한 간식 판매로 시작했지만, 시장 반응이 미약했다. 그러나 감자라는 지역 자원을 브랜드의 정체성으로 삼고, 제품 라인을 재구성하는 과감한 피벗을 선택했다. 지금은 춘천을 대표하는 브랜드로 자리 잡았다. 아이템을 버린 것이 아니라 경험을 토대로 전환한 덕분이었다.

피벗은 위기를 모면하기 위한 몸부림이 아니다. 성장을 위한 전략이다. 방향을 바꿀 때 중요한 건 속도가 아니라 정교함이다. 더 나은 길이 있다는 확신, 그리고 배움에 기반한 전환. 그것이 피벗을 성공으로 만드는 힘이다.

04
감정 소진,
번아웃에서 회복하는 방법

　창업을 하면 늘 신이 날 줄 알았다. 하고 싶은 일을, 스스로 주도해서, 자기 이름으로 펼쳐내는 일이니까. 그런데 막상 경험해 보니 예상과 달랐다. 좋아서 하는 일을 하는데도 쉽게 지쳤다. 이유는 단순하지 않다. 한 번도 해보지 않은 새로운 업무, 생소한 피드백, 모든 결정을 홀로 짊어져야 하는 압박. 두려움과 불안이 자연스럽게 따라왔다.

　창업은 자기만의 리듬으로 일할 수 있다는 점에서 자유롭지만, 그 자유는 때때로 부담이 되기도 한다. 성과를 내야 한다는 압박, 고객 반응이 실시간으로 드러나는 구조, 흐릿해지는 일과 삶의 경계. 주말에도 머릿속은 일 생각으로 가득하다.

부정적인 피드백은 종종 '나'라는 사람 자체를 부정당하는 기분이 들게 한다. 좋아서, 선한 마음으로 시작한 일이 벅차고 무력하게 다가오는 순간. 신체적 피로와 정서적 탈진이 동시에 몰려오면 그것이 바로 번아웃이다.

번아웃의 신호

- 사소한 일에도 쉽게 짜증이 난다.
- 예전엔 즐겁던 일도 부담스럽게 느껴진다.
- 아무것도 하지 않아도 피곤하다.
- SNS 반응에 과도하게 민감해진다.
- "이 일을 왜 하고 있지?"라는 질문이 반복된다.

이런 신호가 보인다면 감정 에너지가 바닥에 가까워졌다는 뜻일 수 있다. 무리해서 밀어붙이기보다 지금 필요한 건 재정비다.

최근 몇 년간 번아웃은 특정 직군이나 창업자만의 문제가 아니다. 직장인, 프리랜서, 학생, 돌봄 노동자까지 세대를 가리지 않고 '번아웃 시대'라는 말이 회자될 만큼 보편적인 현상이 되었다. 자기 계발을 독려하는 사회, 끊임없이 성과를 요구하는 구조, 일과 삶의 경계가 사라진 디지털 환경 속에서 번아웃은 유행처럼 번지고 있다.

이는 단순히 '많은 사람이 힘들다'는 사실을 넘어선다. 지금의 사회가 사람을 너무 빠른 속도로 달리게 만든다는 증거다. 창업자 역시 이 구조

안에 있다. 무한 성장을 요구하는 시장의 압박 속에서, 스스로를 끝없이 몰아붙이다 결국 지쳐버린다.

작은 행동으로 회복하기

번아웃은 한 번에 해결되지 않는다. 다만 작은 행동이 회복의 단서가 된다. 생각을 멈추고 몸을 움직이는 것부터 시작한다. 가볍게 햇살 아래로 나가 산책을 하거나, 짧은 글을 쓰거나, 단순한 집안일을 하는 일상적인 행동이 감정을 안정시킨다. 무기력감에 매몰되지 않고 에너지를 조금씩 되찾을 수 있다.

"결과는 결과고, 나는 마음을 다했다."
이런 태도가 스스로를 지켜주는 한계선이 된다. 모든 창업은 낯설고 불완전하다. 우리는 그 낯섦을 버티며 배워가는 중이다.

회복을 위한 마음 관리 전략

- 비교하지 않는 루틴: 타인의 성과에 휘둘리지 않고 자신만의 리듬 유지하기
- 피드백 거리 두기: 좋아요, DM, 후기 등 외부 반응에서 잠시 떨어져 있기
- 창업 동기 재확인: 내가 왜 시작했는지, 그 의미를 다시 들여다보기
- 지지망 만들기: 응원해 주는 사람들과 연결 유지하기
- 정기적 휴지기: 마감 이후, 하루 이틀은 의도적으로 멈추고 쉬기
- 물리적 리프레시: 짧은 산책, 혼자 카페에서 보내는 시간, 여행 등으로 감정 환기하기

처음 창업을 했을 때 나는 열정보다 불안이 더 컸다. 밤을 새우기 일쑤였고, 발표 직전까지 내용을 고치고, 작은 피드백에도 흔들렸다. 확신보다 조급함이 앞섰고, 스스로를 채근하기 바빴다. 지금 돌아보면 불안의 시작은 '좋아서 하는 일'이 '증명해야 하는 일'로 변질된 시점부터였다.

누구는 생계를 위해, 누구는 자유를 위해, 누구는 자기 가능성을 시험하기 위해 창업을 시작한다. 이유가 무엇이든, 지치기 위해 시작한 사람은 없다. 그래서 스스로를 돌보는 일은 '사치'가 아니라 '전략'이다.

창업은 강한 사람이 오래가는 게 아니라, 회복 탄력성이 좋은 사람이 오래가는 일이다. 당신이 만들고 싶은 미래가 있다면, 그 안에 지친 나를 위한 시간도 반드시 함께 있어야 한다.

05
지속 가능한 창업의 조건: 팀

창업에서 성공보다 더 중요한 건 망하지 않고 오래 지속하는 것이다. 좋아서 시작했지만 금세 지치고, 성과가 없다고 접는 경우는 흔하다. 똑같이 안 되는 상황에서도 누구는 버티고, 누구는 그만둔다. 차이는 단순한 '능력'이 아니라 '버틸 수 있는 시스템'이 있느냐에 있다.

나 역시 초기에 "3년 안에 사라질 것 같다"는 말을 자주 들었다. 비즈니스 모델도, 수익 구조도 불분명했고, 어떤 아이템을 하는지도 모호했다. 그런데도 망하지 않았다. 아니, 더 정확히 말하면 망하지 않도록 버틸 수 있는 구조를 만들었다. 빠른 성장이 아니라 지치지 않고 오래 가는 조건을 고민한 덕분이다.

그 조건은 생각보다 단순하다.

- 적은 돈으로도 운영 가능한 구조
- 유연하게 조절 가능한 업무 방식
- 무엇보다 혼자가 아니었다는 것

혼자였다면 진작 포기했을지도 모른다. 해야 할 이유보다 하지 않을 이유가 훨씬 더 많았기 때문이다. 그건 지금도 마찬가지다. 하지만 같은 방향을 바라보는 팀이 있었다. 성과가 없어도, 답답하고 느려도 "이 길이 맞다"는 확신을 공유하는 동료가 있었다. 내가 흔들릴 때 그들이 중심을 잡아줬고, 그들이 지칠 때 내가 먼저 감당했다. 우리는 서로의 동력이자 버팀목이었다.

대게 창업 조언을 할 때 말한다.
"동업하지 마라."
"친구랑은 사업하지 마라."

물론 사업을 하다 보니 그 조언이 뼈저리게 와닿을 때도 있다. 혼자 하면 더 빠르고, 더 간단하게 결정하고 움직일 수 있다. 그러나 신뢰가 구축되어 있다면, 무조건 혼자보다 '함께'가 낫다. 창업을 오래 지속하려면 좋은 사람만 필요한 게 아니다. 좋은 관계의 방식이 필요하다.

- 감정에 휘말리지 않는 피드백 문화
- 다름을 인정하고 속도를 맞춰가는 회의 습관
- 역할을 나누고 위임하며 신뢰하는 운영 구조

내가 사업보다 먼저 다진 것도 바로 이런 방식이었다. 어떤 일이 생겨도 감정이 아닌 합리로 풀고, 내가 잘할 수 있는 일을 맡고, 상대를 믿고 위임하는 구조를 만들었다. 이것은 단순한 협업이 아니라 지속 가능한 창업을 가능하게 해 주는 핵심 조건이었다.

팀이 있다는 건 내가 못 하는 일을 누군가 해 준다는 뜻이다. 콘텐츠를 기획하는 사람, 외부 제안서를 쓰는 사람, 정산과 행정을 책임지는 사람. 혼자라면 불가능한 일들이 팀 안에서는 가능해진다. 실수를 줄이고, 보지 못한 기회를 발견한다. 그래서 팀은 일을 나누는 구조가 아니라, 함께 더 멀리 가기 위한 성장의 틀이다.

함께라면 갈등은 피할 수 없다. 그러나 신뢰와 대화의 습관이 있다면 쉽게 무너지지 않는다. 창업은 결국 버티는 사람이 이기는 게임이다. 함께 갈 사람을 찾고, 함께할 구조를 만드는 일은 가장 현명한 창업 준비다.

실패가 너무 무서워요.
시작할 용기가 안 나요.

Q. 실패가 너무 무서워요. 시작할 용기가 안 나요.

A. 창업은 누구에게나 낯설고 두렵습니다.

"정말 될까?", "망하면 어쩌지?" 같은 고민은 모든 창업자가 해본 질문이에요.

하지만 두려움을 없애는 게 해답은 아닙니다. 준비가 두려움을 줄여줍니다. 실패가 무서운 건 아직 모르는 게 많기 때문이죠. 그렇다면 스스로에게 질문을 던져보세요. 내 고객은 누구인지, 그 고객이 겪는 문제는 무엇인지, 내가 제시하는 해결책이 어떻게 수익으로 이어지는지. 막연한 생각을 문장으로 정리하다 보면 두려움은 점점 계획으로 바뀝니다.

작게 실험해 보고, 예상 비용과 수익을 시뮬레이션하고, 혼자할 수 있는 영역과 외부의 도움을 받아야 하는 부분을 미리 나눠두는 것만으로도 훨씬 안정적인 출발이 됩니다.

실패는 피해야 할 불행이 아니라, 관리할 수 있는 리스크입니다. 준비가 되어 있다면 실패는 끝이 아니라 방향을 수정하는 기회가 됩니다. 실제로 많은 창업자들은 완벽한 상태에서 출발한 게 아니라 시행착오 속에서 유연함을 키워왔습니다.

두려움이 사라져야만 시작할 수 있는 건 아닙니다. 오히려 두려움을 안고도 한 발을 내딛게 하는 힘이 바로 준비의 힘이에요. 지금 이렇게 고민하고 질문하는 순간, 이미 창업의 절반은 시작된 겁니다. 나머지 절반은 그 생각을 작은 실행으로 옮기는 일입니다.

실패가 두렵기에, 당신은 더 신중하고 더 준비된 창업자가 될 수 있습니다. 그 두려움을 안고, 오늘부터 한 걸음 내디뎌 보세요.

작게 시작하는 여성 창업

아이디어부터 브랜딩, 운영까지 완성하는 여성 창업 실전노트

1판 1쇄 발행 2025년 11월 17일

지은이 석경아, 곽진영, 고태형
펴낸이 곽진영
편집 곽진영, 석경아
디자인 홍정순

펴낸곳 (주)블라썸원
출판등록 2023년 11월 21일 제2023-51호
이메일 blossomone2023@naver.com

ISBN 979-11-900185-3-2 (13320)

블라썸원은 누구의 글이든 한 권의 책으로 정리할 수 있게 도움을 드리고 있습니다.
blossomone2023@naver.com으로 문의주세요.